EINFACH GERADE NÄHEN

Deko & Accessoires mit geraden Nähten

CREATISSIMO
EINFACH.SELBER.MACHEN.

Brett Bara

EINFACH GERADE NÄHEN

Deko & Accessoires mit geraden Nähten

EMF

EIN BUCH DER EDITION MICHAEL FISCHER

INHALT

EINFACH SELBST MACHEN:

NÄHEN IST LEICHTER, ALS SIE DENKEN

Ich wohne in der Innenstadt von New York, und da ich gerne selbst nähe, finde ich überall Anregungen. Fast jedes Mal, wenn ich eine Boutique betrete, sehe ich etwas Schickes, Teures und denke, das ist toll – das könnte ich einfach selbst machen. Ideen für süße und schicke Nähprojekte gibt es überall – und ob Sie es glauben oder nicht, vieles ist durchaus leicht zu nähen.

„Do-It-Yourself" hat Hochkonjunktur und TV-Shows wie Geschickt eingefädelt haben das öffentliche Interesse an Selbstgemachtem, vor allem an Selbstgenähtem geweckt. Während ich an diesem Buch arbeitete, hörte ich oft den gleichen Satz: „Ich würde zu gerne Nähen lernen, aber ich habe keine Ahnung, wie ich anfangen soll." Es macht mich immer etwas traurig, wenn ich das höre – einerseits ist es toll, dass so viele es lernen möchten, andererseits ist es schade, dass sie nicht wissen, wie leicht man damit beginnen kann.

Ich habe das Glück, in einer kreativen Familie aufgewachsen zu sein. Meine Mutter konnte alles selbst nähen und mein Vater alles selbst bauen. „Selber machen" war unser Familienmotto, daher haben mich Nähmaschine, Stoff, Schere und Schnittvorlagen noch nie eingeschüchtert. Ich habe als Kind bereits gelernt, dass Nähen einfach ist.

Für mich waren selbstgemachte Deko, Mode, Quilts und Geschenke ebenso selbstverständlich wie meine Stoffsammlung und meine Nähmaschine. Viele Jahre habe ich anspruchsvolle Projekte genäht und die allermeisten ließen sich mit einfachen Nähtechniken fertigen. Warum? Weil sie für viele Projekte ausreichen. Die Idee für dieses Buch war die Erkenntnis, dass das meiste, was ich nähe, einfach aus geraden Nähten besteht.

Jeder kann eine gerade Naht nähen – das verspreche ich Ihnen.

Ich möchte, dass alle wissen, wie einfach Nähen sein kann. Natürlich kann man es kompliziert machen mit Haute-Couture-Kleidern und maßgeschneiderten Anzügen, aber Nähen ist viel mehr. Man braucht keine besonderen Techniken, um beeindruckende Sachen zu nähen. In diesem Buch zeige ich Ihnen Schritt für Schritt, wie es geht. Ein paar Näh-Basics für das Hand- und Maschinennähen, Tipps und Tricks zum Nähen, und schon sind Sie nur ein paar Nadelstiche von selbstgenähter Kleidung entfernt!

Also, bewaffnen Sie sich mit einer Nadel, ziehen Sie die Schere, laden Sie die Nähmaschine, und keine Angst, es ist nur Stoff und Garn; das Schlimmste, was passieren kann, ist, dass Sie eine Naht auftrennen und noch einmal nähen müssen.

Mit ein paar schicken Stoffen, einem freien Nachmittag, ein bisschen Kreativität und diesem Buch peppen Sie bald Ihr ganzes Leben mit tollen Sachen auf. Schnell werden Sie überall Anregungen entdecken und denken, das kann ich doch einfach selbst machen.

Brett Bara

Man braucht keine besonderen **Techniken,** um beeindruckende Dinge zu nähen. Wenn Sie eine **gerade** Naht beherrschen, können Sie sehr viele Sachen **selbst** nähen, und in diesem Buch zeige ich Ihnen Schritt für Schritt, **wie es geht.**

ERSTE SCHRITTE

GERADE NÄHEN

Sehen Sie es so: Einfach gerade nähen – klingt doch nicht so schwierig, oder? Ist es auch nicht! Sobald Sie eine gerade Naht nähen können, haben Sie die Nähwelt erobert. Das Näh-Einmaleins haben Sie schnell gelernt und können sich die Projekte in diesem Buch vornehmen.

Zunächst stelle ich Ihnen eine Grundausstattung zum Nähen vor und wie Sie eine Nähecke einrichten können. (Es ist nicht viel, versprochen!) Dann zeige ich Ihnen Schritt für Schritt, wie Sie eine gerade Naht nähen – mit der Hand und mit der Nähmaschine – und beschreibe ein paar wichtige Techniken, die Sie für die Projekte benötigen.

Lesen Sie sich als Nähanfänger dieses Kapitel aufmerksam durch, bevor Sie mit den Projekten beginnen. Auch während des Nähens der Projekte können Sie die Seiten immer einmal wieder aufschlagen und nachlesen.

ALSO, WORAUF WARTEN WIR NOCH? *Fangen wir an!*

NÄHAUSSTATTUNG

Ich habe die Erfahrung gemacht, dass ich besser und schneller nähe, wenn ich das richtige Handwerkszeug habe und wenn es griffbereit und gut sortiert ist. So kann ich sofort loslegen, sobald ich von der Nähmuse geküsst werde.

Sie benötigen keine große Ausstattung – ich lebe schließlich in der Innenstadt von New York, da lebt man auf engem Raum, also verzichte ich auf die meisten Hilfsmittel und beschränke mich auf die wichtigsten. Hier zeige ich Ihnen eine minimalistische Zusammenstellung von Nähutensilien, die Sie für die Projekte in diesem Buch benötigen.

Allzweckgarn: Standard-Nähmaschinengarn wird aus Baumwolle, Polyester oder aus Baumwoll-Polyester-Mischung angeboten. Wählen Sie eine zum Stoff passende Garnfarbe. (Es muss nicht dieselbe Farbe sein, nur eine ähnliche.) Nehmen Sie im Zweifelsfall lieber ein etwas dunkleres Garn.

Stecknadeln: Halten Sie Stecknadeln griffbereit, damit Sie die Nähte vor dem Schließen stecken können.

Handnähnadeln: Selbst wenn Sie alles mit der Nähmaschine nähen, für ein paar Details und abschließende Feinheiten benötigen Sie immer wieder einmal eine Handnähnadel. Verwenden Sie lange Nähnadeln, sie werden für das jeweilige Stoffgewicht in verschiedenen Stärken angeboten. Am besten haben Sie für alle Fälle ein Set in verschiedenen Stärken zur Hand.

ALLZWECKGARN

STECKNADELN

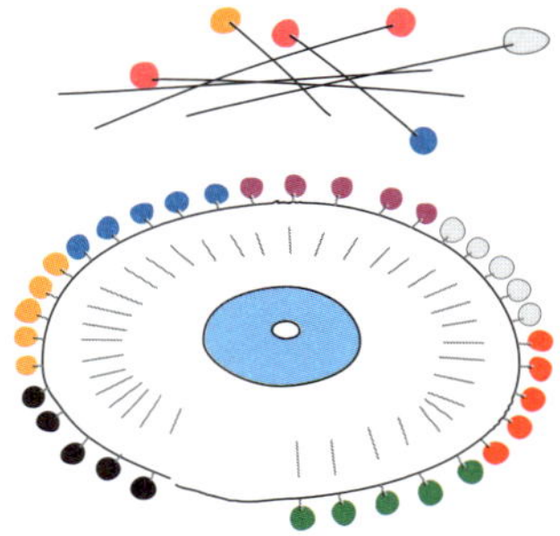

HANDNÄHNADELN

SPARTIPP

Eine Grundausstattung zum Nähen zusammenzustellen, muss nicht die Welt kosten. Fragen Sie bei Verwandten und Freunden nach Leihgaben für den Anfang, und suchen Sie in Gebrauchtwarenläden und auf Flohmärkten nach günstigem Zubehör. Auch auf Stoffmärkten findet man viele Schnäppchen. Viele Handarbeitsgeschäfte geben Stammkundenrabatt. Mit der entsprechenden Kundenkarte schlagen größere Einkäufe mit der Zeit nicht mehr so stark zu Buche!

SICHERHEITSNADELN

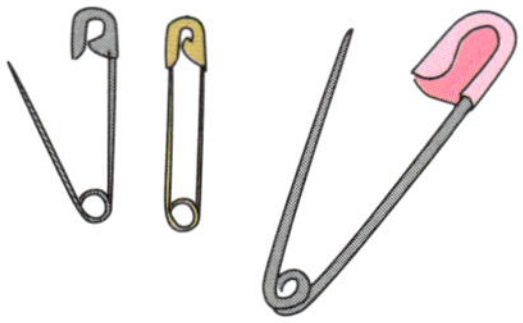

SCHNEIDERKREIDE

WASSERLÖSLICHER MARKIERSTIFT

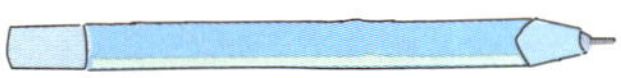

SELBSTLÖSCHENDER MARKIERSTIFT

MASSBAND

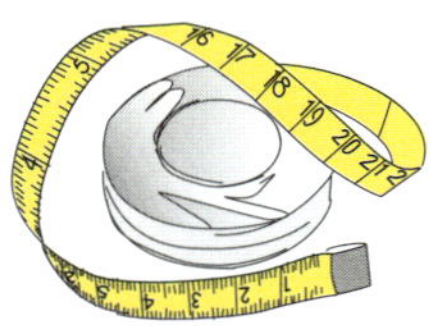

BANDMASS

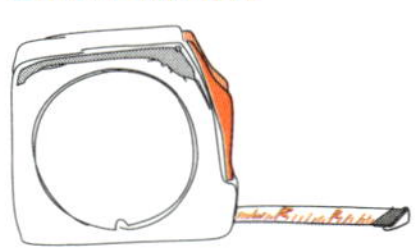

ZUSCHNEIDESCHERE

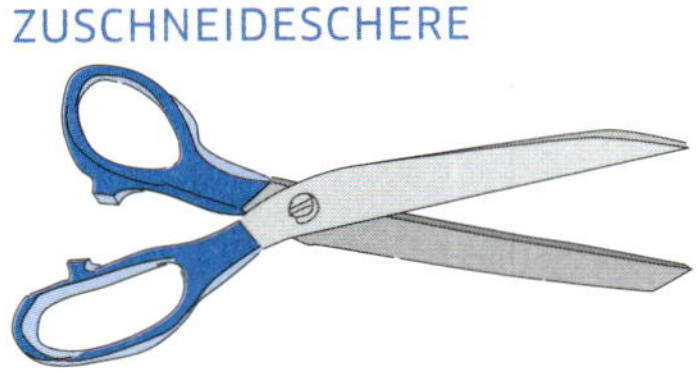

NÄHSCHERE

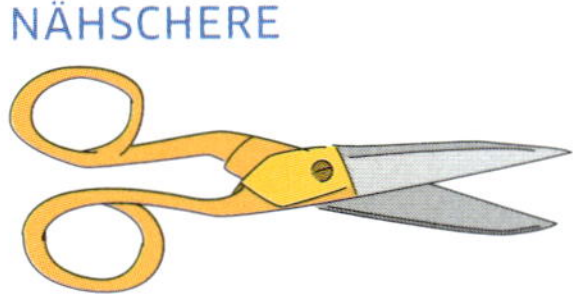

Sicherheitsnadeln: Sicherheitsnadeln in verschiedenen Größen sind praktisch, beispielsweise zum Einziehen eines Gummibands in einen Tunnel.

Markierwerkzeug: Als Anhaltspunkte zum Nähen werden wichtige Stellen auf den Stoffteilen gekennzeichnet. Verwenden Sie entweder wasserlösliche oder selbstlöschende Markierstifte oder Schneiderkreide, damit die Markierungen nicht dauerhaft sind.

Maßband und Bandmaß: Ich verwende zwei Arten von Bändern zum Messen. Das klassische Maßband ist ein flexibles Band aus Stoff oder Kunststoff, mit dem sich Körpermaße gut abmessen lassen. In der Regel verwende ich zum Nähen ein solches Maßband. Das andere ist ein einrollbares Bandmaß für Handwerker, aus Metall. Es ist praktisch zum Abmessen von langen Stoffbahnen, beispielsweise für Vorhänge. Verwenden Sie nicht dasselbe Bandmaß zum Handwerken und Nähen, damit die Stoffe keine Flecken bekommen.

Schere: Eine gute, scharfe Schere ist unerlässlich. Kaufen Sie eine gute Schere und verwenden Sie diese nur für Stoff – nie für Papier oder etwas anderes, sonst werden die Scherenblätter stumpf.

Rollschneider, Schneidematte und Patchworklineal: Dieses Werkzeug ist nicht notwendig, aber sehr nützlich. Ich schneide meistens mit dem Rollschneider zu; damit lässt sich schneller und exakter schneiden als mit der Schere, vor allem bei geraden Linien.

Nahttrenner: Fehler passieren, die falschen Stiche lassen sich aber leicht mit dem Nahttrenner auftrennen, ohne den Stoff zu verletzen. Dieses günstige Werkzeug lässt sich auch gut zum Auftrennen von Heftnähten und zum Aufschneiden von Knopflöchern verwenden. Wie jede Schneide, kann auch ein Nahttrenner stumpf werden. Tauschen Sie ihn daher häufig aus.

Falzbein: Legen Sie einen spitzen Gegenstand in Ihr Nähzeug, mit dem Sie Ecken beim Wenden herausschieben können. Es kann eine Stricknadel oder ein Essstäbchen sein. Ich verwende am liebsten ein Falzbein. Die Spitze ist fein genug, um kleine Ecken herauszuschieben, und so stumpf, dass der Stoff nicht aus Versehen durchstochen wird.

Nähmaschine: Für die Projekte in diesem Buch benötigen Sie nur eine einfache Nähmaschine. Diese werden in sehr vielen verschiedenen Ausführungen und Preisklassen angeboten. Testen Sie in Geschäften, mit welcher Sie am besten arbeiten können. Lesen Sie in der Gebrauchsanweisung nach, wie die Maschine gewartet werden muss. Reinigen und ölen Sie die Nähmaschine regelmäßig, dann hält auch eine einfache Maschine viele Jahre. Weitere Informationen siehe Seite 14.

Nähmaschinennadeln: Ich muss zugeben, ich habe viele Jahre nicht gewusst, wie wichtig es ist, die Nähmaschinennadel zu wechseln. Ich weiß es jetzt besser und verwende immer die zum Stoff passende Nähmaschinennadel. Kaufen Sie Nähmaschinennadeln in verschiedenen Stärken; auf der Packung steht, für welchen Stoff sie geeignet sind. Tauschen Sie die gebrauchte Nähmaschinennadel regelmäßig gegen eine neue, spitze Nadel aus.

ROLLSCHNEIDER
SCHNEIDEMATTE UND
PATCHWORKLINEAL

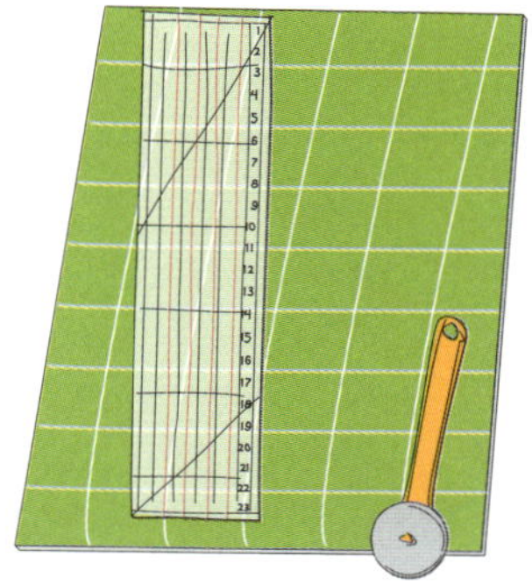

NAHTTRENNER

FALZBEIN

NÄHMASCHINE

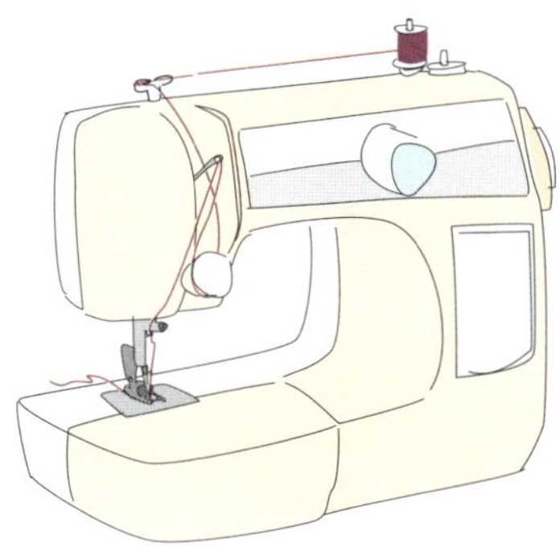

NÄHMASCHINENNADELN

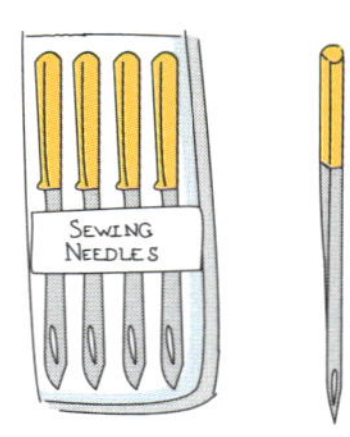

BÜGELEISEN

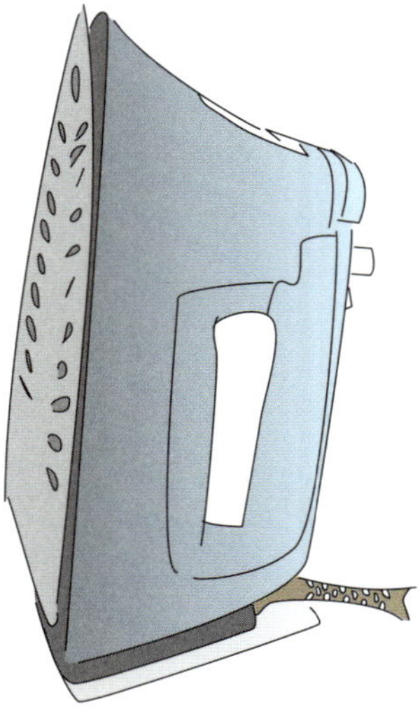

SPRÜHFLASCHE

BÜGELTUCH

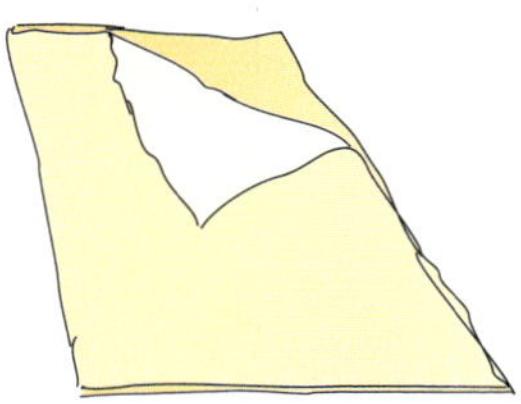

Bügeleisen: Ob Sie es glauben oder nicht, zum Nähen ist das Bügeleisen eines der wichtigsten Werkzeuge; vielleicht sogar das wichtigste. Egal, wie genau Sie messen, zuschneiden oder die Nähte schließen – wenn sie nicht glatt gebügelt sind, sehen sie unsauber aus. Erwerben Sie ein gutes Bügeleisen und bügeln Sie jede Naht sorgfältig mit Dampf. (Ich empfehle sogar, Steppnähte zu bügeln, Garn und Stoff werden dadurch geglättet und die Naht sieht sauberer aus.)

Sprühflasche und Bügeltuch: An meinem Bügelplatz steht eine Sprühflasche mit Wasser, und es liegt ein Bügeltuch bereit, einfach ein Stück Nessel. Stoffe lassen sich glatter bügeln, wenn sie zunächst mit etwas Wasser eingesprüht werden, vor allem widerspenstige Stoffe. Wenn Sie ein Bügeltuch auf den Stoff legen, wird der Stoff nicht zu heiß und es entstehen keine Glanzstellen durch das Bügeleisen.

Nähplatz: Zum Nähen braucht man Platz, um etwas auszubreiten und daran zu arbeiten. Wenn Sie das Glück haben, eine Nähecke einrichten zu können, sind Sie voll ausgestattet. Ein großer, stabiler Tisch (beispielsweise ein alter Esstisch) zum Zuschneiden und für die Nähmaschine, außerdem ein paar Schubladen und Regale für das Zubehör sind ideal.

Sie können keinen speziellen Nähplatz einrichten ? – Kein Grund zum Verzweifeln. (Ich besitze auch keinen und habe trotzdem ein Nähbuch geschrieben!) Alles, was Sie benötigen, ist ein Tisch, den Sie ab und zu nutzen können, und ein bisschen Ordnung. Bewahren Sie Ihre Nähausstattung gut sortiert in einem Kunststoffbehälter auf, den Sie leicht von einem Raum in einen anderen transportieren können. Stellen Sie diese Box und Ihre Nähmaschine an eine gut zugängliche Stelle.

GERADE NÄHEN: MIT DER HAND

Wenn Sie es kaum erwarten können, mit Stoffen kreativ zu werden, benötigen Sie nicht einmal eine Nähmaschine. Nähen Sie einfach mit der Hand! Es ist vielleicht etwas zeitaufwendig, hat aber eine meditative Wirkung. Fast jedes Projekt in diesem Buch lässt sich so fertigen, Sie benötigen nur eine Handnähnadel, Allzweckgarn und eine scharfe Schere.

Nadel einfädeln: Schneiden Sie einen etwa 40 cm langen Faden ab und schieben Sie ein Ende durch die Öse in der Nadel. Verknoten Sie ein Fadenende, wenn Sie mit einfachem Faden nähen möchten. Knoten Sie die beiden Enden zusammen, wenn Sie mit doppeltem Faden nähen möchten. (Abbildung 1)

EINFACHE HANDSTICHE

Die meisten Nähte werden geschlossen, indem rechte Stoffseiten mit den Kanten bündig aufeinander gelegt werden. Stecken Sie die Lagen zunächst fest, damit sie beim Nähen nicht verrutschen. Zu Beginn einer Naht mit der Nadel von hinten nach vorne einstechen.

Der Steppstich (Rückstich) ergibt eine stabile Naht und eignet sich für die meisten Näharbeiten am besten. Bei jedem Stich stechen Sie einen zurück ein, dann zwei Stiche voraus wieder aus.

Der Vorstich ergibt eine weniger stabile Naht als der Steppstich. Der Faden wird in eine Richtung immer abwechselnd nach vorne und hinten eingezogen.

Der Heftstich ist ein etwa 1 cm langer Vorstich, mit dem Stofflagen vor der festen Naht vorläufig zusammengehalten werden.

Der Überwendlichstich bildet Schlaufen und wird zum Schließen und Säumen verwendet. Etwa 5 mm neben den Kanten stets von vorne nach hinten durch die Lagen stechen, der Faden legt sich um die Stoffkanten.

TIPP

Probleme beim Einfädeln? Schneiden Sie das Fadenende mit einer scharfen Schere ab, befeuchten Sie es mit nassen Fingerspitzen und schieben es in das Nadelöhr. Wenn das nicht funktioniert, das Öhr ablecken. Es klingt verrückt, aber es klappt fast immer.

ABBILDUNG 1

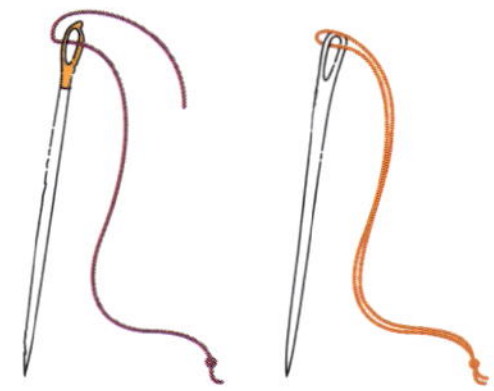

STEPPSTICH

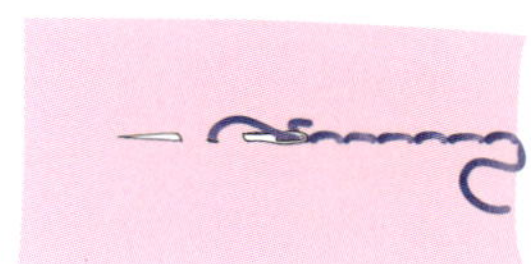

VORSTICH

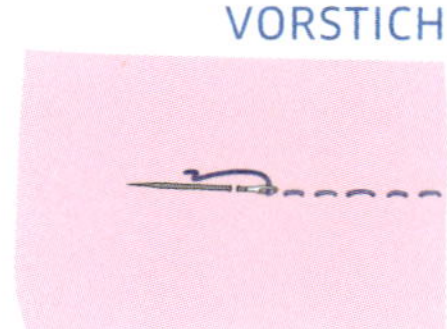

ÜBERWENDLICHSTICH

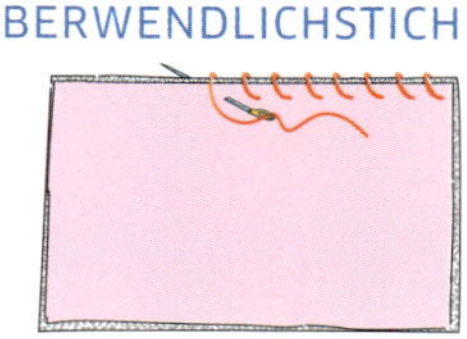

GERADE NÄHEN: MIT DER NÄHMASCHINE

Hier kommt die Millionenfrage: Was für eine Nähmaschine brauche ich? Ich bin ein großer Fan von Modellen ohne Schnickschnack. Manche Nähmaschinen heute sind sehr kompliziert. Nähanfängern rate ich zu günstigen Modellen oder solchen im mittleren Preissegment.

Sie können auch eine Nähmaschine ausleihen, bevor Sie sich eine eigene kaufen. Überall gibt es Leute, die eine Nähmaschine ungenutzt im Schrank stehen haben – fragen Sie herum und nähen Sie mit einer geborgten, bis Sie wissen, welche Sie selbst kaufen möchten. Wenn Sie nicht sicher sind, ob die geliehene Nähmaschine gut funktioniert, lassen Sie diese bei einer Reparaturwerkstatt begutachten oder überholen.

Wenn Sie keine Nähmaschine ausleihen können, gibt es in Ihrer Umgebung möglicherweise ein Geschäft, das Nähmaschinen vermietet. In manchen Städten bieten Handarbeitsgeschäfte an, einen Nähplatz oder sogar einen Zuschneideplatz stundenweise zu mieten – das kann auch eine gute Gelegenheit sein, Gleichgesinnte zu treffen, etwas Neues zu lernen, Schnitte zu tauschen und sich viele Anregungen zu holen.

Wenn Sie schließlich eine Nähmaschine kaufen möchten, können Sie beim Händler zunächst verschiedene Maschinen testen; darauf sind die Händler eingestellt. Seien Sie nicht zu zurückhaltend und testen Sie die verschiedenen Modelle, bis Sie genau die Richtige für Sie gefunden haben.

ERSTE SCHRITTE MIT DER NÄHMASCHINE

Eine gerade Naht ist das Einfachste, was man mit einer Nähmaschine nähen kann. Jedes Modell funktioniert anders, Sie müssen Ihre Nähmaschine daher erst kennen- und bedienen lernen. Dazu ist es wichtig, die Gebrauchsanweisung zu lesen. So lernen Sie die Funktionen der Nähmaschine kennen und können diese sinnvoll einsetzen.

Wenn Sie sich mit einer Nähmaschine nicht auskennen, rate ich Ihnen, einen Kurs bei einem Handarbeitsgeschäft zu machen oder sich von Freunden oder Verwandten eine Einführung geben zu lassen. Es ist eine Sache von nur wenigen Stunden, bis Sie die Grundlagen beherrschen und loslegen können. Versprochen!

EINFACHE MASCHINENNÄHTE

Hier die wichtigsten geraden Maschinennähte. Üben Sie diese Nähte mit verschiedenen Stichlängen auf Stoffresten, bis Sie sich sicher fühlen.

Die Steppnaht (Geradstich) ist die einfachste Maschinennaht. Diese verwenden Sie, wenn in einer Anleitung von Nähen oder Steppen die Rede ist. Sehen Sie in der Gebrauchsanleitung nach, welche Stichlänge für normale Nähte geeignet ist.

Verriegeln am Anfang und Ende einer Naht verhindert, dass die Naht wieder aufgeht. Nähen Sie ein paar Stiche vorwärts, drücken Sie dann auf die Rückwärtstaste (oder den Rückwärtshebel), damit der Stoff zurücktransportiert wird. Nähen Sie ein paar Stiche zurück, lassen Sie die Taste wieder los und nähen Sie normal weiter. Dieser Vorgang entspricht dem Verknoten beziehungsweise Vernähen beim Handnähen.

Absteppen bezeichnet eine auf der Außenseite sichtbare Steppnaht. Meist wird eine Kante zur Verstärkung oder als Zierde abgesteppt.

Eine Heftnaht ist eine lockere Steppnaht, mit der Stofflagen vor dem endgültigen Zusammennähen vorläufig zusammengehalten werden. Verwenden Sie dazu die größte Stichlänge Ihrer Nähmaschine. Verriegeln Sie die Naht am Anfang und Ende nicht, damit die Fäden leicht wieder herausgezogen werden können.

Die Zickzacknaht ist eine, wie der Name schon sagt, zickzackförmige Naht. Die meisten Nähmaschinen verfügen über einen Zickzackstich, der in seinem Abstand und seiner Breite variiert werden kann. Mit einer Zickzacknaht werden in der Regel Kanten versäubert, damit diese nicht ausfransen. Sie kann auch als Ziernaht eingesetzt werden.

STEPPNAHT

VERRIEGELN

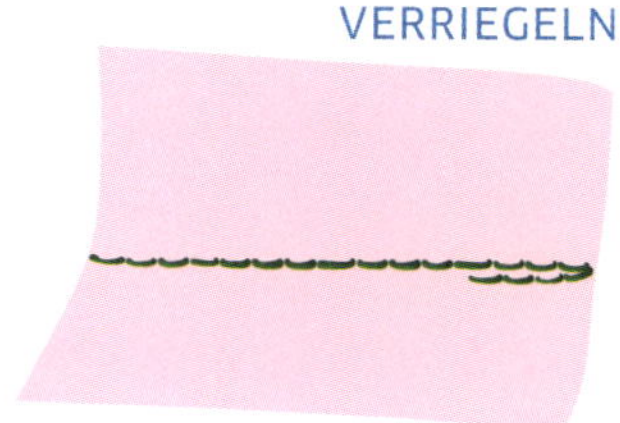

ABSTEPPEN

HEFTNAHT

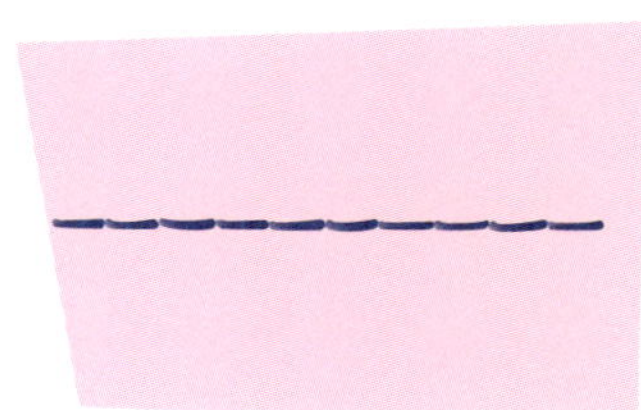

ZICKZACKNAHT

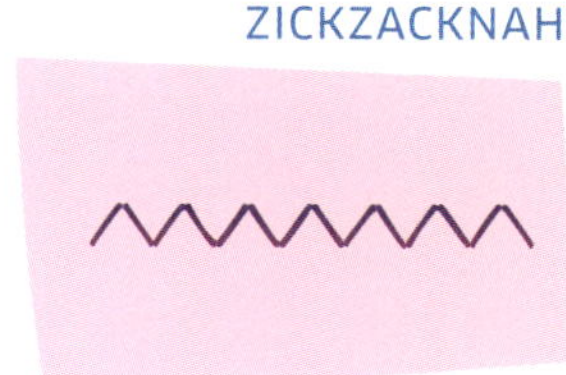

NÄH-EINMALEINS

Wenn Sie die folgenden Nähtechniken beherrschen, können Sie alle Projekte in diesem Buch nähen. Üben Sie neue Techniken zunächst mit Stoffresten und seien Sie sich nicht frustriert, wenn es nicht sofort richtig klappt. Dafür gibt es Nahttrenner.

RECHTS-LINKS-NAHT (FRANZÖSISCHE NAHT)

Eine Rechts-Links-Naht wird in zwei Schritten geschlossen; auch auf der linken Stoffseite sind anschließend keine offenen Kanten zu sehen. Es klingt etwas kompliziert, ist aber genauso leicht wie eine normale Naht, und Sie werden begeistert sein, wie professionell sie aussieht. Eine „5 mm breite Rechts-Links-Naht" ist als fertige Naht 5 mm breit, die entsprechende Nahtzugabe ist 1 cm. Und so geht's:

ABBILDUNG 1

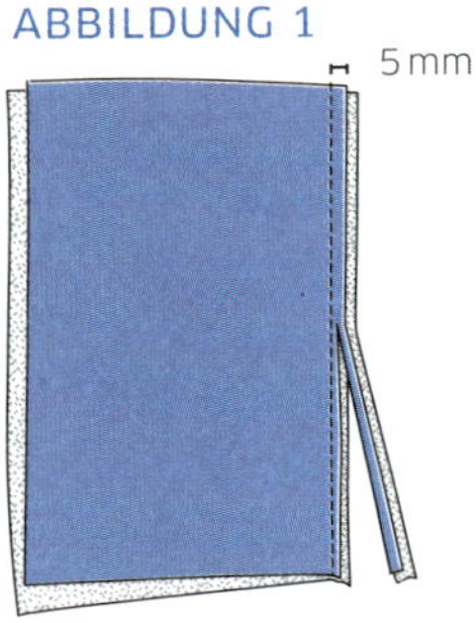

ABBILDUNG 2

ABBILDUNG 3

ABBILDUNG 4

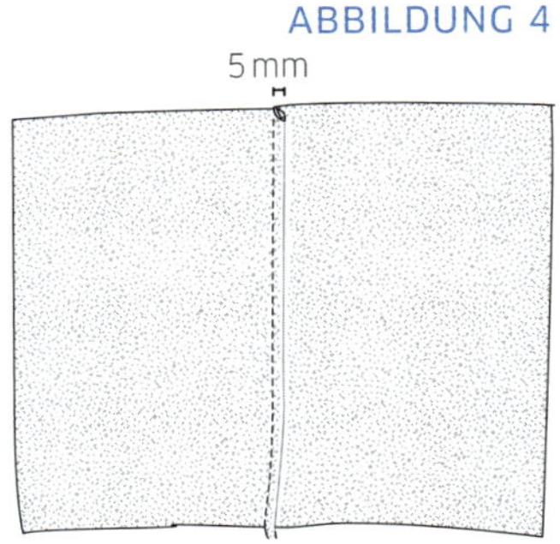

1. Stecken Sie zwei Stoffteile mit den linken Seiten und den Kanten bündig aneinander. (Ja, links auf links, vertrauen Sie mir, auch wenn Nähte normalerweise rechts auf rechts geschlossen werden!) Steppen Sie eine 5 mm breite Naht. Schneiden Sie die Nahtzugabe auf 3 mm zurück. (Abbildung 1)

2. Bügeln Sie die Nahtzugabe zu einer Seite und falten Sie die beiden Lagen entlang der Naht rechts auf rechts. Bügeln und stecken Sie den Bruch. (Abbildung 2)

3. Steppen Sie wieder eine 5 mm breite Naht und schließen Sie damit die erste Nahtzugabe (Schritt 2) ein. Die eingeschlossenen Nahtzugaben liegen auf der linken Stoffseite. (Abbildung 3)

4. Bügeln Sie die Nahtzugabe zu einer Seite, und schon ist Ihre wunderschöne Rechts-Links-Naht fertig! (Abbildung 4)

NAHTZUGABE ZURÜCKSCHNEIDEN

Wenn Sie zwei Lagen „verstürzen“ (zusammennähen, um sie anschließend zu wenden), werden die Nahtzugaben an den Ecken vor dem Wenden „zurückgeschnitten“. Schneiden Sie die Nahtzugaben einfach in einem 45-Grad-Winkel ab, allerdings nicht zu nah an der Naht. Wenn der Winkel sehr spitz ist oder bei dickem Stoff können Sie die Nahtzugaben zusätzlich auch rechts und links der Ecke zurückschneiden. Durch das Zurückschneiden wird die Ecke nach dem Wenden nicht zu dick und lässt sich exakt ausformen.

ZURÜCKGESCHNITTENE ECKE

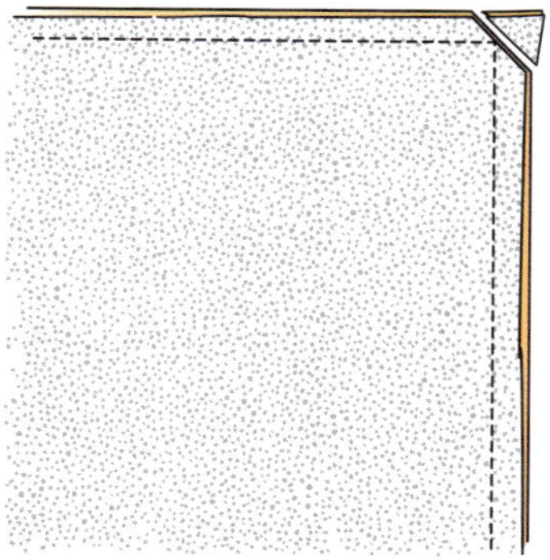

IM NAHTSCHATTEN STEPPEN

Wenn Sie aufgefordert werden, „im Nahtschatten“ zu steppen, nähen Sie in einer bestehenden Naht und fassen eine darunter liegende Stofflage mit, beispielsweise ein Gummiband bei einem Bund. Senken Sie die Maschinennadel einfach genau in der bestehenden Naht ab und steppen Sie „im Schatten“ dieser Naht.

IM NAHTSCHATTEN STEPPEN

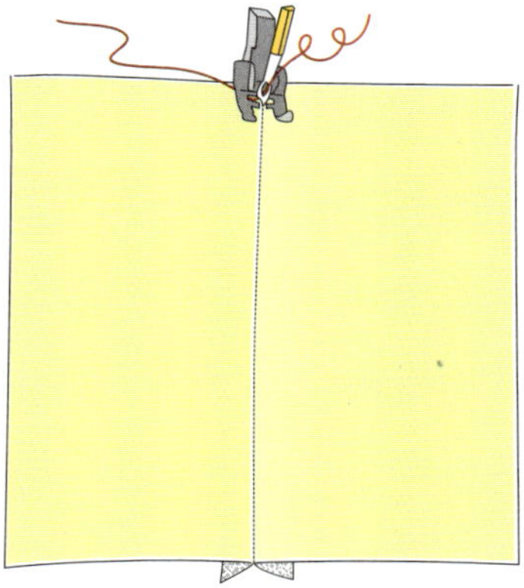

EINLAGE AUFBÜGELN

Damit der Stoff stabiler und steifer wird, wo dies erforderlich ist (bei Trägern und Knopflöchern beispielsweise), wird auf der linken Stoffseite eine Bügeleinlage aufgebügelt.

Schneiden Sie die Bügeleinlage in den angegebenen Maßen zu. Legen Sie den Stoff mit der linken Stoffseite nach oben auf das Bügelbrett und die Bügeleinlage mit der beschichteten Seite darauf. Stellen Sie die Temperatur nach den Herstellerangaben der Bügeleinlage ein und drücken Sie das Bügeleisen 5–10 Sekunden auf eine Stelle, heben Sie das Bügeleisen an und drücken Sie es auf die nächste Stelle. Fixieren Sie so nach und nach die gesamte Fläche. Überprüfen Sie, ob die Einlage haftet, und fixieren Sie Stellen, die nicht haften, erneut mit dem Bügeleisen und mit einem feuchten Bügeltuch.

EINLAGE AUFBÜGELN

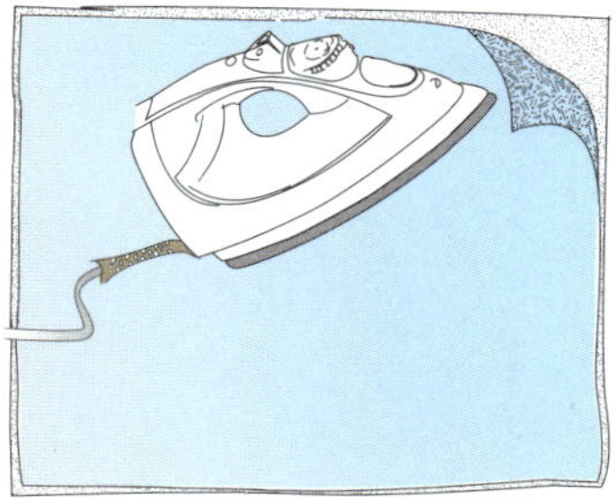

ABBILDUNG 1

ABBILDUNG 2

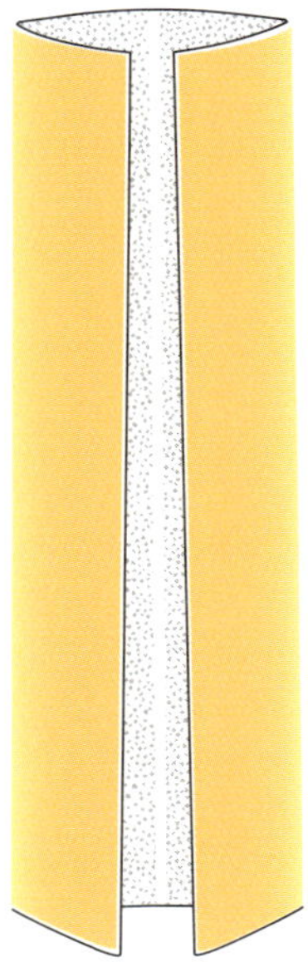

ABBILDUNG 3

ABBILDUNG 4

BAND FERTIGEN

Ein solches Band wird bei mehreren Projekten in diesem Buch benötigt. So wird es gefertigt:

1. Schneiden Sie einen Stoffstreifen mit der vierfachen fertigen Breite längs im Fadenlauf zu.
2. Bügeln Sie den Streifen links auf links längs auf die Hälfte. (Abbildung 1)
3. Falten Sie den Streifen mit der linken Seite nach oben auf und schlagen Sie die beiden Längskanten zur vorgefalzten Mitte um. (Abbildung 2) Bügeln.
4. Legen Sie den Streifen wieder in den ersten Mittelbruch, sodass die offenen Stoffkanten eingeschlossen sind, erneut bügeln. (Abbildung 3)
5. Steppen Sie das Band an beiden Längskanten knappkantig (etwa 2 mm neben der Kante) ab. (Abbildung 4)

STOFF-EINMALEINS

Bevor Sie Stoffe für Projekte kaufen, sollten Sie einige Stoffmerkmale und textile Fachbegriffe kennen.

Stoffbreite: Die Angaben zum Stoffverbrauch beziehen sich auf Stoffe und Volumeneinlagen mit 140 cm Breite und auf Bügeleinlagen mit 90 cm Breite, bei Patchworkstoffen auf 110 cm Stoffbreite. Stoffe werden allerdings in unterschiedlichen Stoffbreiten angeboten. Kalkulieren Sie gegebenenfalls für die Breite Ihres Stoffs anhand der Größe der Schnittteile den tatsächlichen Stoffverbrauch, damit Sie die richtige Stoffmenge kaufen.

Rechte Stoffseite bezeichnet die Seite des Stoffs, die beim fertigen Projekt außen sein soll. Die bedruckte Seite, das klarere Webmuster und der ansprechendere Glanz kennzeichnen die rechte Stoffseite.

Linke Stoffseite bezeichnet die Seite, die beim fertigen Projekt innen liegen soll.

VORWASCHEN

Wenn Sie einen waschbaren Stoff verarbeiten, sollten Sie diesen vorab waschen und trocknen, damit die Fasern vorschrumpfen. Wenn Sie diesen Schritt auslassen, läuft das fertige Projekt später gegebenenfalls ungleichmäßig ein und verliert die Passform.

FADENLAUF

Wenn Sie sich Webstoffe genau ansehen, erkennen Sie die längs ausgerichteten Kettfäden und die quer eingewebten Schussfäden.

Die Webkanten sind die beiden vom Schussfaden umschlossenen Längskanten des Stoffs. Der Faden wird fortlaufend abwechselnd von einer zur anderen Seite eingetragen.

Im Fadenlauf zuzuschneiden bedeutet, parallel zur Webkante zuzuschneiden. In Richtung der Kettfäden ist ein Stoff besonders stabil und dehnt sich am wenigsten aus. Schneiden Sie die Längenangaben im Fadenlauf zu.

Im Querfadenlauf zuzuschneiden bedeutet, in Richtung der Schussfäden zuzuschneiden. Quer zur Webkante ist ein Stoff dehnbarer als in Längsrichtung. Schneiden Sie die Breitenangaben im Querfadenlauf zu.

Im Schrägfadenlauf zuzuschneiden bedeutet, im 45-Grad-Winkel zum Fadenlauf zuzuschneiden. Diagonal zu den Kett- und Schussfäden ist ein Stoff besonders dehnbar.

GROSSE SCHNITTTEILE ZUSCHNEIDEN

Es ist nicht ganz einfach, große Schnittteile exakt zuzuschneiden. Orientieren Sie sich an der Webkante des Stoffs und schneiden Sie die erste Kante parallel dazu. Halten Sie sich für weitere Linien an die erste, damit die Schnitte rechtwinklig und parallel verlaufen.

Wenn Sie sehr große Schnittteile zuschneiden, falten Sie den Stoff quer und legen die Webkanten bündig aufeinander. Dann mehrere Lagen gleichzeitig zuschneiden.

Verwenden Sie eine Schneidematte und einen Rollschneider. Die aufgedruckten Linien erleichtern das gerade Zuschneiden.

Gemütlich & verschenkt

Es ist weder besonderes Können noch besonders viel Zeit nötig, um ein besonderes Geschenk oder Deko bzw. Accessoires zu nähen.

Dazu müssen Sie kein Nähprofi sein, glauben Sie es mir. Schöne selbstgenähte **Wohnaccessoires und Geschenke** sind genauso **einfach** wie ein paar gerade Nähte.

Einen Raum, dem das nötige Flair fehlt, können Sie am schnellsten und einfachsten beleben, indem Sie ein paar Accessoires nähen. Wenn Sie Nähanfänger sind, empfehle ich **„Zweimal einmalig“,** zwei genial einfache Vorhangversionen. Oder versuchen Sie sich an „**Kinderleichte Kissenhülle**“ – Sie werden sich wundern, wie leicht sich mit meiner Methode ein Reißverschluss einnähen lässt.

Die „Schätzetasche“ mit Henkeln ist **einfach zu nähen** und bringt Ordnung in Ihr kreatives Chaos. Mit „**Sitzwürfel in neuem Design**“ lernen Sie, einen Überzug für einen rechtwinkligen Gegenstand zu nähen, und mit „Bezaubernder Bezug“ bringen Sie neues **Flair** in Ihr Schlafzimmer.

Sobald Sie das Näh-Einmaleins beherrschen, können Sie beispielsweise **„Schmuckbörse für unterwegs“** nähen, ein perfektes Geschenk für Weltenbummler.

Und wenn Sie eine **Herausforderung** suchen, ist „Necessaire für Herren“ genau das Richtige, sogar für harte Jungs, denen man mit Selbstgemachtem nicht so leicht eine Freude bereiten kann. **„Mappe in Nadelstreifen“** ist was für Kollegen und die „Zauber-Nähbox“ könnte es auf meinen eigenen Geschenketisch schaffen.

Experimentieren Sie, geben Sie Ihrem Zuhause einen **neuen Look** mit selbstgemachten Accessoires. Statt ewig nach dem passenden Geschenk zu suchen, schnappen Sie sich ein paar **Stoffreste** und bereiten Sie Ihren Freunden und Ihren Bekannten mit geringen Ausgaben und wenig zeitlichem Aufwand eine große **Freude**.
Auf geht‘s!

ZWEIMAL **EINMALIG**

Ein langweiliges Zimmer zum Leben erwecken? Einfach ein paar Vorhänge nähen! Dieses Projekt ist auch für blutige Anfänger geeignet. Die Vorhänge sind an einem Nachmittag genäht und verwandeln eine Wohnung in ein Zuhause. Nach dieser Anleitung können Sie zwei verschiedene Arten von Vorhängen nähen: Einen einfachen Vorhang mit Bommelborte und einen Schlaufenvorhang mit Futter. Beide lassen sich auch auf alle Fenstergrößen anpassen. Super, nicht wahr?

FERTIGE MASSE

Nach Ihren Fenstermaßen

MATERIAL

» Nähausstattung (Seite 9)
» Vorhangstange

Einfacher Vorhang mit Bommelborte:

» Stoff Ihrer Wahl (Stoffverbrauch ermitteln, Schritt 1)
» Bommelborte in der Länge Ihrer Vorhangbreite, + 2 cm

Schlaufenvorhang mit Futter:

» Stoff Ihrer Wahl (Stoffverbrauch ermitteln, siehe Schritt 1)
» Futterstoff (Stoffverbrauch ermitteln, siehe Schritt 1)

HINWEIS

Bei diesem Schnitt ist ein Tunnel für eine dünne Vorhangstange vorgesehen (eine Klemmstange beispielsweise). Für eine dickere Stange benötigen Sie gegebenenfalls einen breiteren Tunnel. Messen Sie den Durchmesser der Stange und geben Sie dieses Maß in der Länge zu.

ABBILDUNG 1

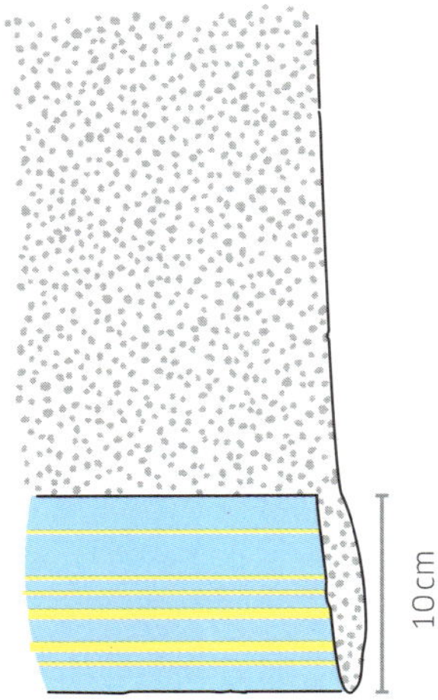

ABBILDUNG 2

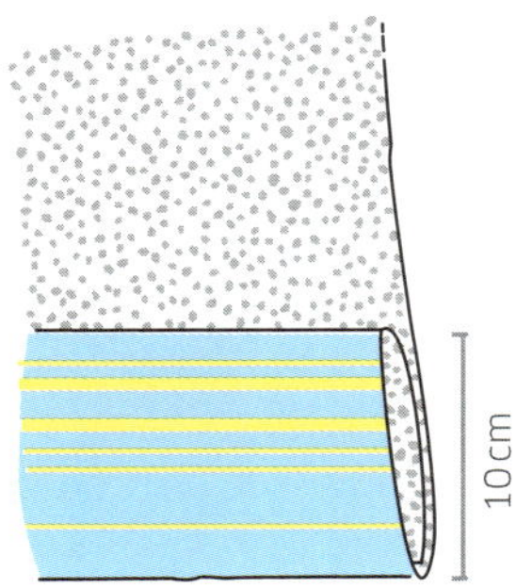

ABBILDUNG 3

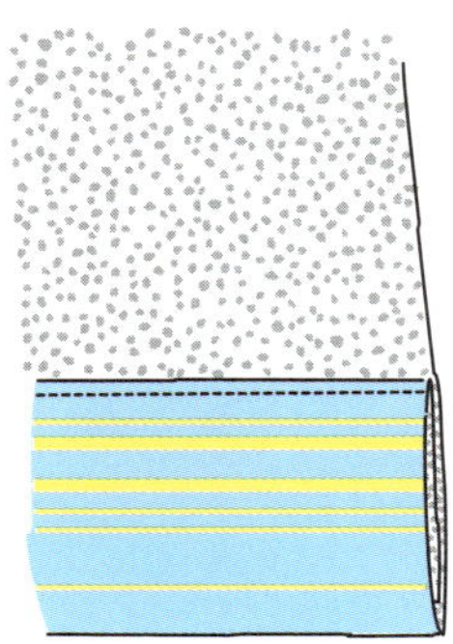

EINFACHER VORHANG MIT BOMMELBORTE

1. MESSEN UND ZUSCHNEIDEN

Vorhangbahn: Messen Sie die Breite des Fensters (A). (Wenn die Vorhangstange außerhalb des Fensters befestigt ist, messen Sie die Länge der Vorhangstange.) Messen Sie nun den Abstand von der Vorhangstange bis zur gewünschten Länge des Vorhangs (B).

Legen Sie fest, welche Fülle der Vorhang haben soll (C). (Üblicherweise ist ein Vorhang doppelt so breit wie die Stangenlänge, 2 × A.)

Geben Sie dem Breitenmaß C 10 cm Nahtzugabe zu.

Geben Sie dem Längenmaß B 26 cm Nahtzugabe zu.

Schneiden Sie ein Rechteck mit diesen Maßen zu (siehe Randnotiz „Große Schnittteile zuschneiden“, Seite 19).

2. UNTERKANTE SÄUMEN

Bügeln Sie die Unterkante des Vorhangs 10 cm nach links um. (Abbildung 1) Bügeln Sie die umgebügelte Kante erneut 10 cm um. (Abbildung 2) Steppen Sie die obere umgebügelte Kante schmalkantig auf. (Abbildung 3)

3. SEITENKANTEN SÄUMEN

Bügeln Sie eine Seitenkante 2,5 cm nach links um. (Abbildung 4) Bügeln Sie die umgebügelte Kante erneut 2,5 cm um. (Abbildung 5) Steppen Sie die innere umgebügelte Kante schmalkantig auf. (Abbildung 6) Säumen Sie die andere Seitenkante ebenso.

4. TUNNEL FÜR GARDINENSTANGE FERTIGEN

Bügeln Sie die Oberkante 1 cm nach links um. Bügeln Sie die umgebügelte Kante erneut 5 cm um. Steppen Sie die innere umgebügelte Kante schmalkantig auf. (Abbildung 7)

5. BORTE ANNÄHEN

Stecken Sie die Bommelborte an die Saumkante, schlagen Sie die Borte dabei an den Seiten 1 cm um. Nähen Sie die Borte mit einem Zickzackstich (Seite 15) mit farblich passendem Nähgarn auf.

ABBILDUNG 4

ABBILDUNG 5

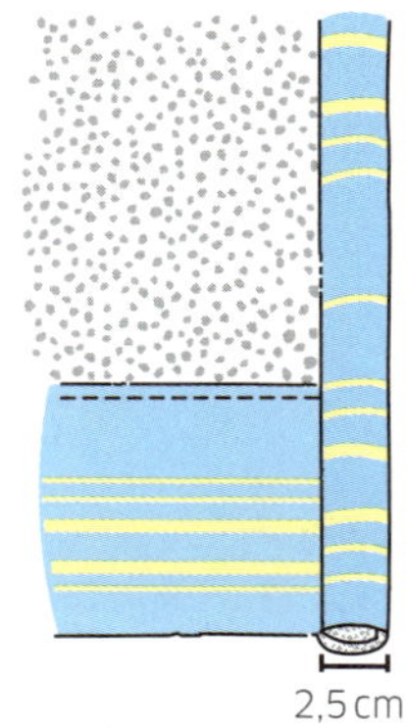

ABBILDUNG 6

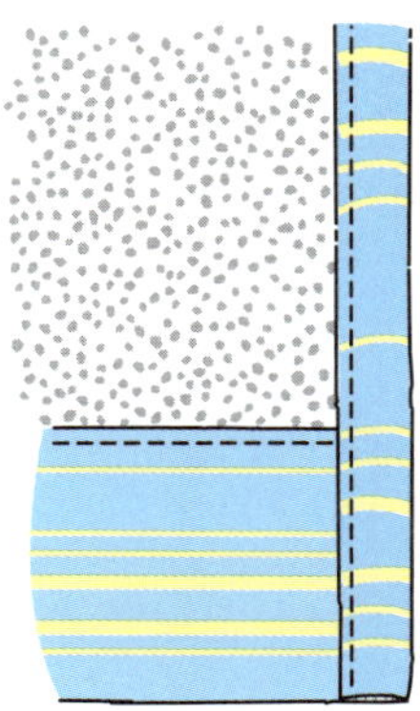

ABBILDUNG 7

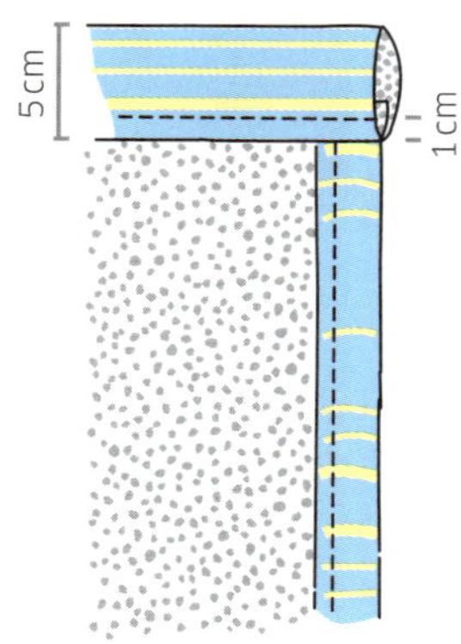

SCHLAUFENVORHANG MIT FUTTER

1. MESSEN UND ZUSCHNEIDEN

Vorhang und Futter: Messen Sie nach der Anleitung auf Seite 24, Schritt 1, die Maße A, B und C.

Geben Sie dem Breitenmaß C dieses Mal 2 cm Nahtzugabe zu.

Dem Längenmaß B geben Sie für dieses Projekt 11 cm Saum- und Nahtzugabe zu.

Schneiden Sie aus dem Vorhangstoff und aus dem Futterstoff jeweils ein Rechteck mit diesen Maßen zu.

Schlaufen: Berechnen Sie, wie viele Schlaufen bei einem Abstand von 25–30 cm für die Breite Ihres Vorhangs benötigt werden. Schneiden Sie die entsprechende Anzahl Rechtecke mit den Maßen 22 × 14 cm aus dem Vorhangstoff zu.

2. SCHLAUFEN FERTIGEN

Falten und stecken Sie die einzelnen Schlaufenbänder rechts auf rechts an den 22 cm langen Kanten bündig auf die Hälfte. Verstürzen Sie die 22 cm langen Kanten, indem Sie sie 1 cm breit absteppen. (Abbildung 8) Wenden und bügeln Sie die Schlaufenbänder.

ABBILDUNG 8

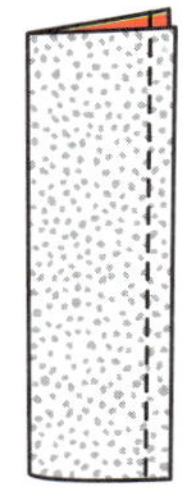

3. UNTERKANTEN SÄUMEN

Säumen Sie die Unterkanten bei Vorhang und Futter nach der Anleitung auf Seite 24, Schritt 2. Wundern Sie sich nicht – dadurch wird der Vorhang kürzer als die errechnete Gesamtlänge, das wird später durch die Schlaufen ausgeglichen.

ABBILDUNG 9

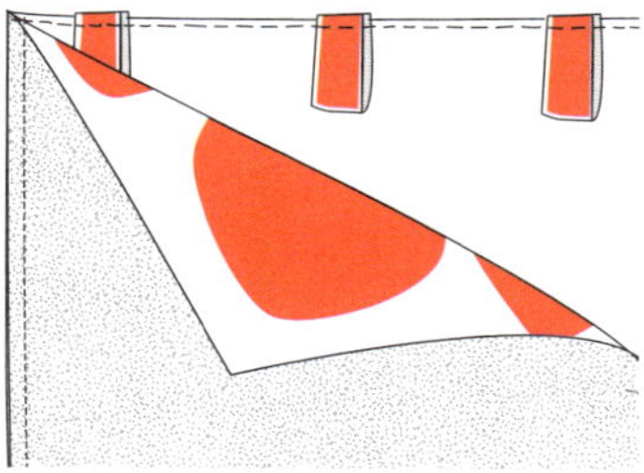

4. SCHLAUFEN UND VORHANG ZUSAMMENNÄHEN

Legen Sie den Futtervorhang mit der rechten Seite nach oben auf den Boden oder auf eine Arbeitsfläche. Falten Sie die Schlaufenbänder mit den kurzen Kanten bündig auf die Hälfte. Legen Sie die Schlaufen mit den offenen Kanten an der Oberkante des Futters in gleichmäßigen Abständen an. Legen Sie den Oberstoffvorhang mit der rechten Stoffseite auf die Schlaufen und das Futter. Die Schlaufen liegen zwischen Vorhangstoff und Futterstoff und alle offenen Kanten liegen bündig. (Abbildung 9) Stecken Sie die Lagen an allen Kanten außer den gesäumten Unterkanten zusammen. Achten Sie darauf, dass alle offenen Kanten bündig liegen, damit der Vorhang anschließend gerade hängt. Verstürzen Sie Oberstoff und Futter an den drei Kanten mit einer 1 cm breiten Naht. Die gesäumten Unterkanten bleiben offen.

ABBILDUNG 10

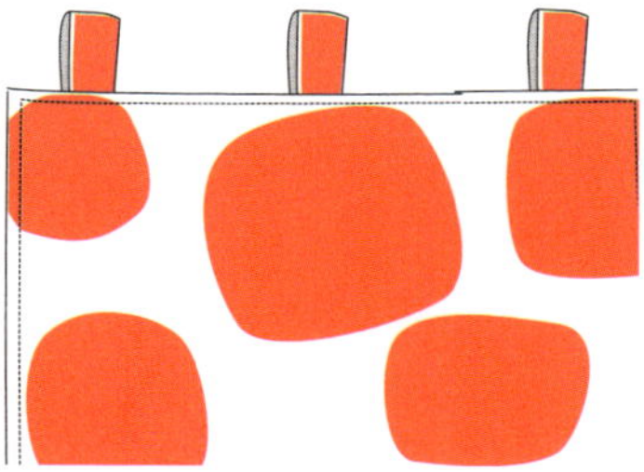

Schneiden Sie die Nahtzugabe an den Ecken zurück (Seite 17) und wenden Sie den Vorhang. Schieben Sie die Ecken vorsichtig mit einem spitzen Gegenstand heraus. Bügeln Sie den Vorhang. Steppen Sie den Vorhang an den drei Versturzkanten 5 mm breit ab (an der Saumkante nicht). (Abbildung 10)

KINDERLEICHTE **KISSENHÜLLE**

Wenn Reißverschlüsse Ihnen Angst einjagen, dann ist dies Ihr Projekt. Probieren Sie es aus. Ich sage Ihnen, bald werden Sie überall Reißverschlüsse einnähen wollen! Wirklich, diese Kissenhülle ist so einfach, dass Sie Ihr Sofa für jede Jahreszeit und immer, wenn Ihnen danach ist, neu dekorieren können. Kinderleicht!

MATERIAL

» Nähausstattung (Seite 9)
» Etwa 50 cm Stoff Ihrer Wahl (Stoffverbrauch ermitteln, siehe Schritt 1)
» Reißverschluss, 10 cm kürzer als die Kissenbreite
» Innenkissen in der gewünschten Größe

ABBILDUNG 1

1. MESSEN UND ZUSCHNEIDEN

Schneiden Sie 2 Stoffteile in den Maßen Ihres Innenkissens zu. (Es wird keine Nahtzugabe benötigt; die Hülle wird etwas kleiner als das Innenkissen, wodurch das Kissen später schön prall aussieht.)

2. REISSVERSCHLUSS EINNÄHEN

Reißverschluss anlegen und stecken: Legen Sie die beiden Stoffteile rechts auf rechts mit den Kanten bündig aufeinander. Positionieren Sie den Reißverschluss in der Mitte einer Seitenkante. Stecken Sie nur die beiden Stofflagen auf der Höhe von Reißverschlussanfang und -ende jeweils mit einer Stecknadel zusammen, knapp innerhalb der Klammern. Legen Sie für das Schließen der Seiten den Reißverschluss beiseite.

Schließen Sie die Naht vom Anfang bis zur ersten Stecknadel 1 cm breit. Verriegeln Sie die Naht (Seite 15) und stellen Sie die Stichlänge für eine Heftnaht (Seite 15) ein. Nähen Sie eine Heftnaht bis zur nächsten Stecknadel, stellen Sie wieder eine normale Stichlänge ein, verriegeln und schließen Sie die restliche Naht. (Abbildung 1)

ABBILDUNG 2

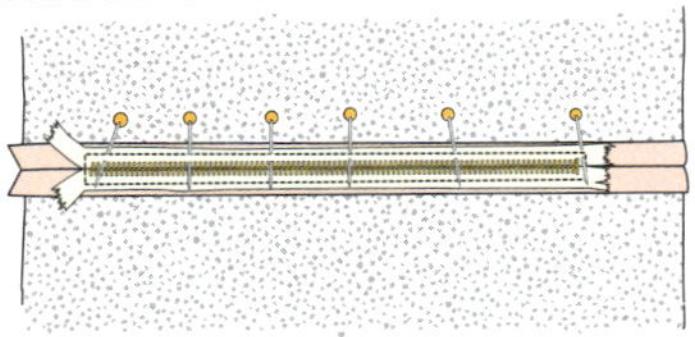

ABBILDUNG 3

Reißverschluss einnähen: Bügeln Sie die Nahtzugaben auseinander. Legen nun Sie die Kissenhülle mit der Nahtzugabe nach oben und den Reißverschluss mit der rechten Seite auf den gehefteten Nahtabschnitt. Stecken Sie den Reißverschluss fest. (Abbildung 2)

Setzen Sie einen Reißverschlussfuß ein. Steppen Sie an einer Reißverschlussseite entlang, drehen Sie das Stoffteil und steppen Sie quer, drehen Sie es wieder und steppen Sie an der anderen Seite nach oben, wieder drehen und quer steppen. (Abbildung 2) Weitere Informationen finden Sie in der Randnotiz auf Seite 31 „Keine Angst vor Reißverschlüssen".

Legen Sie den Reißverschluss frei, indem Sie von der rechten Seite mit einem Nahttrenner vorsichtig die Heftnaht auftrennen.

3. KISSENHÜLLE VERSTÜRZEN

Öffnen Sie nun den Reißverschluss und legen Sie die Kissenhülle an der Reißverschlussnaht rechts auf rechts auf die Hälfte. Stecken Sie die restlichen drei Kanten mit 1 cm Nahtzugabe fest. Absteppen. (Abbildung 3)

Schneiden Sie die Nahtzugabe an den Ecken zurück (Seite 17) (Abbildung 3) und wenden Sie die Kissenhülle durch den offenen Reißverschluss. Schieben Sie die Ecken vorsichtig heraus. Bügeln Sie die Ecken und Nähte. Schieben Sie das Innenkissen in die Kissenhülle und schließen Sie den Reißverschluss.

KEINE ANGST VOR **REISSVERSCHLÜSSEN**

Selbst Näherfahrene kennen die Angst vor dem Einnähen von Reißverschlüssen. Ich versichere Ihnen: Diese Angst ist vollkommen unbegründet. Trauen Sie sich einfach.

Reißverschlüsse sind leicht einzunähen. Es geht schnell und schmerzlos, vor allem, wenn Sie meine Lieblingsmethode verwenden. Sie funktioniert für alle normalen Reißverschlüsse in einer Naht. (Achten Sie darauf, dass Sie einen normalen Reißverschluss verwenden, keinen „nahtverdeckten".) So wird es gemacht:

1. Legen Sie die Reißverschlussposition fest und schließen Sie diesen Nahtabschnitt als Heftnaht. Schließen Sie die restliche Naht mit normaler Stichlänge , dabei verriegeln Sie den Anfang der Naht.
2. Legen Sie den Reißverschluss am gehefteten Nahtabschnitt mit der rechten Seite und den Krampen mittig auf die linke Seite der Naht.
3. Setzen Sie einen Reißverschlussfuß ein. Steppen Sie auf einer Seite an den Reißverschlusskrampen entlang. Drehen Sie die Arbeit am Reißverschlussende (direkt unterhalb der Klammer) um 90 Grad und nähen Sie quer, drehen Sie die Arbeit dann weiter und steppen Sie auf der anderen Reißverschlussseite wieder zurück. Wenn das Kleidungsstück oder der Gegenstand, den Sie nähen, am oberen Reißverschlussende offen ist, verriegeln Sie an dieser Stelle die Naht. Bei einer Kissenhülle oder Ähnlichem, wenn die Naht oberhalb des Reißverschlusses geschlossen ist: Drehen Sie die Arbeit erneut, wenn Sie am Reißverschlussanfang (direkt oberhalb des Schiebers) angelangt sind, und steppen Sie quer. Sie steppen also rundherum alle vier Seiten des Reißverschlusses. Verriegeln Sie die Naht.
4. Trennen Sie von der rechten Seite mit einem Nahttrenner vorsichtig die Heftnaht auf, fertig! Freuen Sie sich über den schön und unauffällig in die Naht eingenähten Reißverschluss.

SITZWÜRFEL IN NEUEM DESIGN

Sie nähen einen neuen Überzug für einen alten Sitzwürfel und schon hat Ihr Wohnzimmer einen neuen Look. Bei diesem Projekt lernen Sie, wie Sie für jeden beliebigen Sitzhocker einen passenden Überzug nähen können. Sie mögen keine Sitzhocker? Nach dieser Anleitung können Sie jeden quaderförmigen Gegenstand, vom Vogelkäfig bis zum Terrassengrill, mit einer Hülle ausstatten.

FERTIGE MASSE

In den Maßen eines quader- oder würfelförmigen Objekts

MATERIAL

» Nähausstattung (Seite 9)
» Stoff (Stoffverbrauch ermitteln, siehe Schritt 1)

STOFFEMPFEHLUNG

Für dieses Projekt eignen sich schwere Dekorationsstoffe aus Baumwolle wie Canvas oder Segeltuch und Bezugsstoffe wie Alcantara. Wachstuch und andere Outdoor-Stoffe eignen sich beispielsweise als Abdeckung für einen Grill. Leichte Stoffe sind nicht zu empfehlen.

HINWEIS

Schließen Sie die Nähte für einen gepolsterten Sitzwürfel etwas breiter als 1 cm (12–13 mm breit). Dann sitzt der Bezug stramm auf dem Sitzwürfel.

ABBILDUNG 1

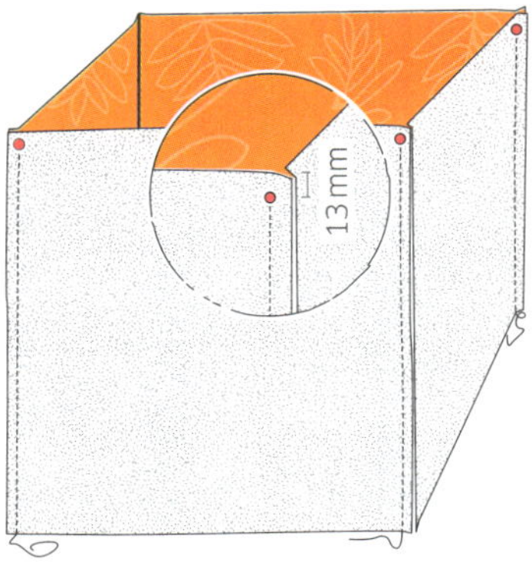

1. MESSEN UND ZUSCHNEIDEN

Oberseite und Seitenteile: Messen Sie die Oberkanten und Seitenkanten des Sitzhockers. Für die Oberseite: Geben Sie in Länge und Breite jeweils 2 cm Nahtzugabe zu. Für die Seitenteile: Geben Sie als Nahtzugaben in der Breite 2 cm zu und in der Höhe als Naht- und Saumzugabe 5 cm.

Schneiden Sie in den oben berechneten Maßen vier Seitenteile und ein Oberteil zu.

2. SEITENNÄHTE SCHLIESSEN

Stecken Sie die vier Seitenteile rechts auf rechts zu einem Schlauch aneinander. Schließen Sie die Seitennähte mit gut 1 cm Nahtzugabe von oben nach unten (Abbildung 1). (Achten Sie darauf, wirklich die Längskanten aneinanderzunähen!) Beginnen Sie eine Nahtbreit vom oberen Rand entfernt und verriegeln Sie (Seite 17) Nahtanfang und -ende. (Detail in Abbildung 1)

Wenden Sie den Schlauch und ziehen Sie ihn über den Sitzhocker. Er sollte eng sitzen, jedoch an den Nähten nicht zu stark gespannt sein. Nähen Sie die Nähte gegebenenfalls schmaler oder breiter ab. Bügeln Sie anschließend die Nähte glatt.

3. OBERSEITE ANNÄHEN

Wenden Sie den bei Schritt 2 gefertigten Schlauch auf links. Stecken Sie eine Kante der Oberseite rechts auf rechts an die Oberkante eines Seitenteils. Schließen Sie die Naht, beginnen und beenden Sie die Naht jedoch eine Nahtbreit vom Stoffrand entfernt und verriegeln Sie diese. (Abbildung 2)

Nähen Sie die restlichen drei Seiten nacheinander ebenso an. Achten Sie beim Stecken darauf, dass die Oberseite glatt liegt.

ABBILDUNG 2

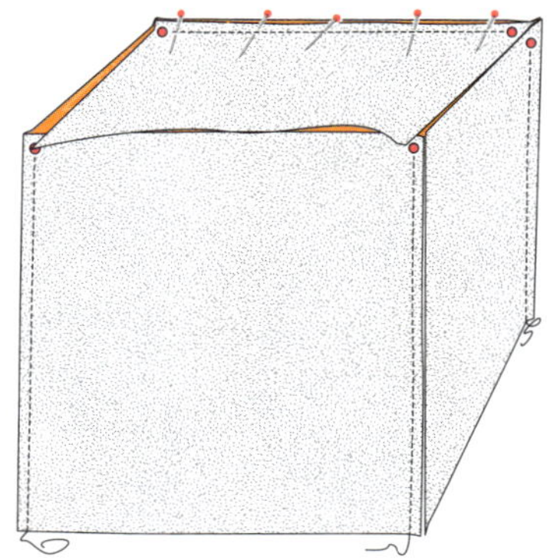

4. PASSFORM PRÜFEN

Wenden Sie den Bezug und ziehen Sie ihn über den Sitzhocker. Prüfen Sie die Passform wie bei Schritt 2. Ändern Sie die Nahtbreite gegebenenfalls. Lassen Sie den Bezug auf dem Sitzhocker und schlagen Sie den Saum 4 cm nach innen um. Stecken Sie den Saum so, dass Längenunterschiede ausgeglichen werden, die vielleicht beim Schließen der Nähte entstanden sind. Er sollte rundherum bis kurz über den Boden reichen.

5. NAHTZUGABEN ZURÜCKSCHNEIDEN

Wenden Sie den Bezug auf links und schneiden Sie die Nahtzugaben in den Ecken zurück (Seite 17). Schieben Sie die Ecken vorsichtig mit einem spitzen Gegenstand heraus. Bügeln Sie die Nähte glatt.

6. BEZUG SÄUMEN

Bügeln Sie den bei Schritt 4 gesteckten Saum und bügeln Sie die offene Kante 1 cm nach innen um. Steppen Sie die obere umgebügelte Kante auf und bügeln Sie die gerade gesäumte Kante erneut.

BEZAUBERNDER **BEZUG**

Warum mit handelsüblichen Bettbezügen zufriedengeben, wenn selbstgenähte viel hübscher sind? Bei diesem Modell bringe ich in der Mitte über die gesamte Breite einen schönen Stoff zur Geltung. Suchen Sie in Stoffgeschäften nach Ihrem gemusterten Lieblingsstoff oder entwickeln Sie ein eigenes Design.

FERTIGE MASSE

Nach den Maßen Ihrer Bettdecke

MATERIAL

- Nähausstattung (Seite 9)
- 2 m gemusterter Stoff (für die mittlere Stoffbahn auf der Vorderseite)
- 2 m farblich abgestimmter Stoff für die obere Stoffbahn
- 2 m farblich abgestimmter Stoff für die untere Stoffbahn
- 40 cm kontrastfarbiger Stoff (für die schmalen Streifen auf der Vorderseite)
- 5 m farblich abgestimmter Stoff (für die Rückseite)
- Knöpfe mit 2 cm Durchmesser (Anzahl wird bei Schritt 6 ermittelt)

STOFFEMPFEHLUNG

Baumwollstoffe in Patchworkqualität sind ideal für dieses Projekt. Sie besitzen das passende Stoffgewicht und werden in vielen Farben angeboten.

HINWEIS

Der Stoffverbrauch ist für eine Bettdecke mit den Maßen 155 × 220 cm und Patchworkstoffe mit einer Breite von 110 cm kalkuliert; abgebildet ist eine Queensize-Doppelbettdecke.

ABBILDUNG 1

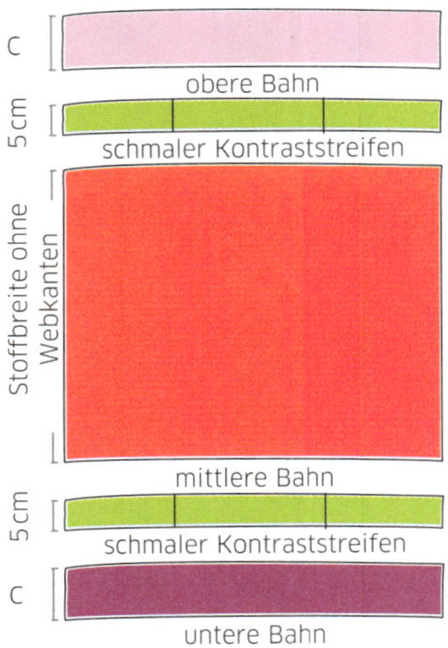

ABBILDUNG 2

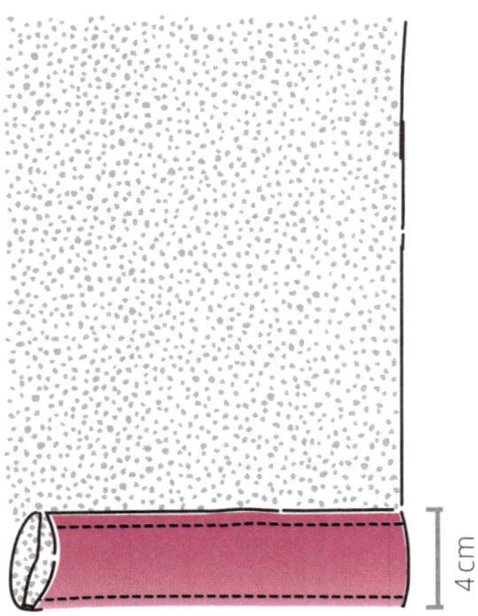

1. MESSEN UND ZUSCHNEIDEN

Bettdecken werden in vielen verschiedenen Größen angeboten. Mit der folgenden Anleitung können Sie für eine beliebige Deckengröße die Maße der Schnittteile ermitteln. Messen Sie zunächst die Bettdecke aus: Geben Sie für Maß A der Deckenbreite 2 cm zu. Maß B entspricht der Deckenlänge. (Abbildung 1)

Mittlere Bahn: Schneiden Sie aus dem gemusterten Stoff ein Rechteck mit der Länge A und in der Breite Ihres Stoffs zu. Schneiden Sie die Webkanten ab.

Schmale Kontraststreifen: Schneiden Sie sechs 55 cm lange und 5 cm breite Streifen zu.

Obere Stoffbahn: Ziehen Sie von Maß B die Breite der mittleren Stoffbahn ab und halbieren Sie diesen Wert, so erhalten Sie Maß C. Fügen Sie dem Ergebnis 1 cm Nahtzugabe hinzu, so erhalten Sie Maß D. Schneiden Sie ein Rechteck mit der Länge A und der Breite D zu.

Untere Stoffbahn: Fügen Sie Maß C 8 cm Saumzugabe hinzu, so erhalten Sie Maß E. Schneiden Sie ein Rechteck mit der Länge A und der Breite E zu.

Rückseite: Schneiden Sie zwei Rechtecke mit Maß B plus 11 cm in der Länge und dem halben Maß A + 1 cm in der Breite zu.

2. SCHMALE STREIFEN STÜCKELN

Stecken und nähen Sie drei der schmalen Streifen an den kurzen Kanten mit einer 5 mm breiten Rechts-Links-Naht (Seite 16) aneinander. Stückeln Sie die anderen drei Streifen ebenso. Kürzen Sie die Streifen auf Maß A. (Abbildung 1)

3. VORDERSEITE UND RÜCKSEITE ZUSAMMENSETZEN

Nähen Sie die Bahnen und Streifen der Vorderseite mit 5 mm breiten Rechts-Links-Nähten aneinander. (Die Nähte verlaufen auf der Vorderseite quer.)

Nähen Sie die beiden Bahnen der Rückseite mit einer 5 mm breiten Rechts-Links-Naht aneinander. (Die Naht verläuft auf der Rückseite längs.)

4. EINGRIFFKANTEN SÄUMEN

Säumen Sie jeweils die Unterkante von Vorder- und Rückseite: Bügeln Sie die Kante 4 cm nach links um. Bügeln Sie die umgebügelte Kante erneut 4 cm um. Steppen Sie die innere umgebügelte Kante schmalkantig auf und die äußere Kante schmalkantig ab (Seite 17). (Abbildung 2)

5. VORDERSEITE UND RÜCKSEITE VERSTÜRZEN

Stecken Sie Vorderseite und Rückseite an allen Kanten bündig links auf links aneinander. Schließen Sie zunächst die Seitennähte mit einer 5 mm breiten Rechts-Links-Naht. Verstürzen Sie dann die Oberkante mit einer 5 mm breiten Rechts-Links-Naht. (Abbildung 3) Wenden und bügeln Sie den Bettbezug.

6. KNOPFLÖCHER ARBEITEN UND KNÖPFE ANNÄHEN

Zeichnen Sie auf der Vorderseite in der Mitte des Saumstreifens mit etwa 24 cm Abstand die Knopflöcher an. Arbeiten Sie die Knopflöcher entsprechend den Herstellerangaben Ihrer Nähmaschine quer ein (parallel zur Kante). (Abbildung 4)

Legen Sie die Knopflochleiste auf die Knopfleiste und markieren Sie die Knopfpositionen durch die Knopflöcher. Nähen Sie an jeder Markierung einen Knopf an.

ABBILDUNG 3

ABBILDUNG 4

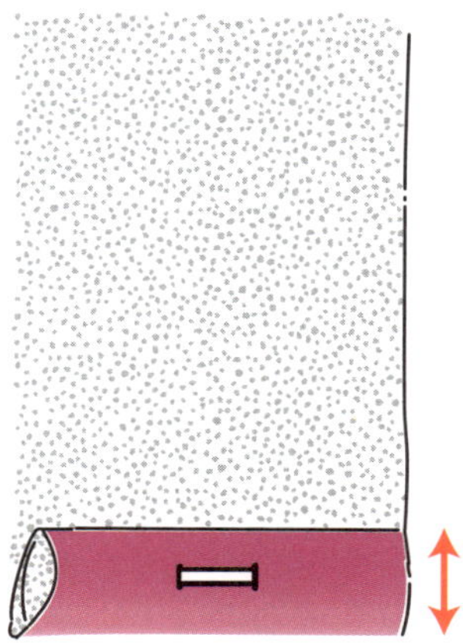

SCHÄTZE**TASCHE**

Zu viel Kram? In dieser großen Stehtasche können Sie allerhand unterbringen. Ich verwende die Schätztasche für Wolle, sie eignet sich aber auch für Spielzeug, Zeitschriften und andere Siebensachen. Sobald Sie wissen, wie die Schätzetasche konstruiert ist, können Sie sich für Ihre jeweiligen Schätze eine Stehtasche in der passenden Größe selbst entwerfen.

FERTIGE MASSE

Höhe: 26 cm ohne Henkel
Breite: 20 cm
Tiefe: 18 cm

MATERIAL

» Nähausstattung (Seite 7)
» 50 cm schwerer Stoff, beispielsweise Canvas (als Oberstoff)
» 50 cm mittelschwerer Stoff (als Futterstoff)
» 90 cm schwere Bügeleinlage
» Taschenboden aus Kunststoff, mindestens 17 × 19 cm
» Heißklebepistole

ABBILDUNG 1

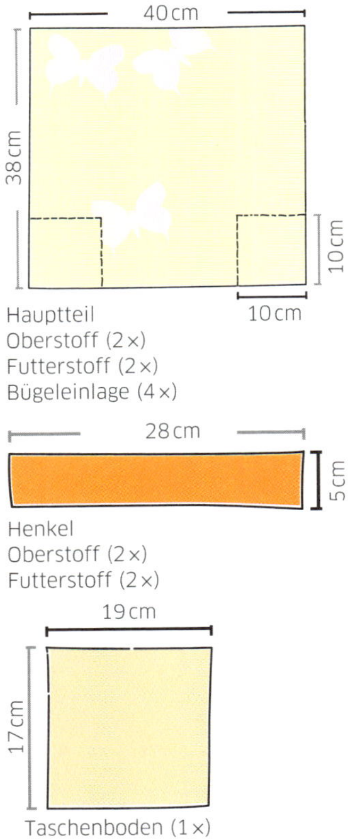

ABBILDUNG 2

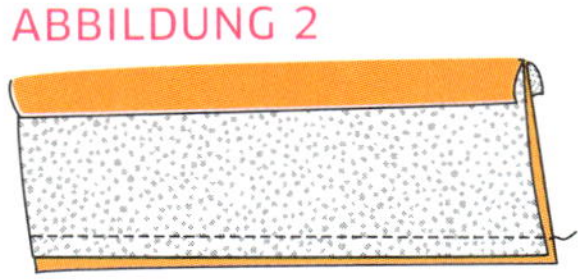

ABBILDUNG 3

ABBILDUNG 4

1. MESSEN UND ZUSCHNEIDEN

Hauptteil: Schneiden Sie mit den Maßen 40 × 38 cm aus Oberstoff und Futterstoff jeweils zwei Rechtecke und vier Rechtecke aus Bügeleinlage zu. Richten Sie die Teile mit den 40 cm langen Kanten oben und unten aus und schneiden Sie an den unteren Ecken jeweils ein Quadrat mit 10 cm Kantenlänge heraus.

Henkel: Schneiden Sie ein 28 cm langes und 5 cm breites Rechteck zweimal aus dem Oberstoff und zweimal aus dem Futterstoff zu.

Taschenboden aus Kunststoff: Schneiden Sie aus dem Kunststoff einen 17 × 19 cm großen Taschenboden zu. (Abbildung 1)

2. HENKELBAND FERTIGEN

Bügeln Sie die Bandteile (2× Oberstoff, 2× Futterstoff) jeweils an einer 28 cm langen Kante 1 cm um. Stecken Sie jeweils ein Oberstoff- und ein Futterstoffteil rechts auf rechts an der anderen 28 cm langen Kante aneinander, die umgebügelten Kanten liegen ebenfalls bündig aufeinander. Schließen Sie die Naht 1 cm breit. (Abbildung 2)

Legen Sie das Band links auf links entlang der Naht auf die Hälfte und bügeln Sie die verstürzte Kante (die anderen sind ja bereits umgebügelt). Steppen Sie die beiden 28 cm langen Kanten 5 mm breit ab (Seite 15). (Abbildung 3)

3. OBERSTOFFTASCHE UND FUTTERTASCHE FERTIGEN

Bügeln Sie die Einlage (Seite 17) auf die Hauptteile (2× Oberstoff, 2× Futterstoff).

Stecken Sie die beiden Oberstoff-Hauptteile an allen Kanten bündig rechts auf rechts aneinander. Schließen Sie die beiden Seitennähte und die Bodennaht mit 1 cm Nahtzugabe. (Abbildung 4) Bügeln Sie diese im Anschluss auseinander.

Seitliche Bodennaht: Stecken Sie die beiden seitlichen Bodennähte rechts auf rechts, legen Sie die Seitennaht dabei auf die Bodennaht. Schließen Sie die seitlichen Bodennähte 1 cm breit. (Abbildung 5) Schneiden Sie die Nahtzugabe zurück (Seite 17), wenden Sie die Stehtasche und bügeln Sie die Nähte.

Fertigen Sie die Futtertasche ebenso.

4. TASCHENBODEN EINLEGEN

Legen Sie den 17 × 19 cm großen Kunststoff-Taschenboden auf den Boden der Oberstofftasche, schieben Sie die Kanten unter die Nahtzugaben. Kleben Sie die Nahtzugaben mit Heißkleber auf den Einlegeboden, damit dieser anschließend nicht verrutscht.

5. HENKEL ANNÄHEN

Stecken Sie die Henkel rechts auf rechts an die Oberstofftasche (die Futterseite der Henkel nach außen). Positionieren Sie die Bandenden jeweils 5 cm neben den Seitennähten und die Kanten bündig mit der Oberkante der Tasche.

Steppen Sie die Henkel mit 5 mm Nahtzugabe fest. (Abbildung 6)

6. EINGRIFFKANTE FERTIGSTELLEN

Bügeln Sie die Eingriffkante der Oberstofftasche 1 cm nach links um. Bügeln Sie die Eingriffkante der Futtertasche 1 cm nach links um. Schieben Sie die Futtertasche (auf links gewendet) links auf links in die Oberstofftasche (auf rechts), an den umgebügelten Eingriffkanten bündig, die Henkel stehen zwischen den Lagen nach oben ab. Stecken Sie die umgebügelten Eingriffkanten zusammen. Setzen Sie eine Nähmaschinennadel für dicke Stoffe ein und steppen Sie Oberstoff und Futterstoff an der Eingriffkante rundherum 5 mm breit ab. (Abbildung 7)

ABBILDUNG 5

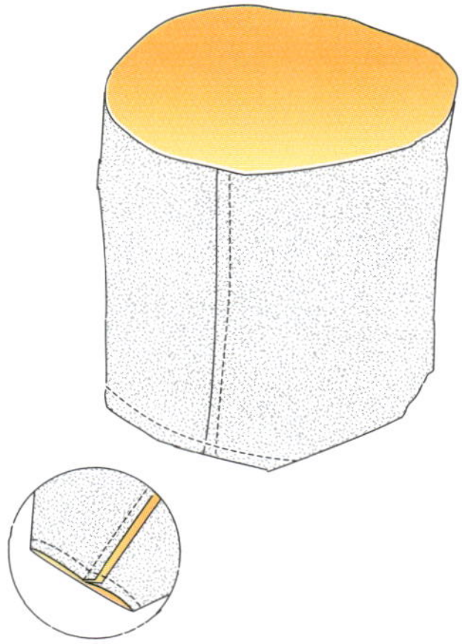

ABBILDUNG 6

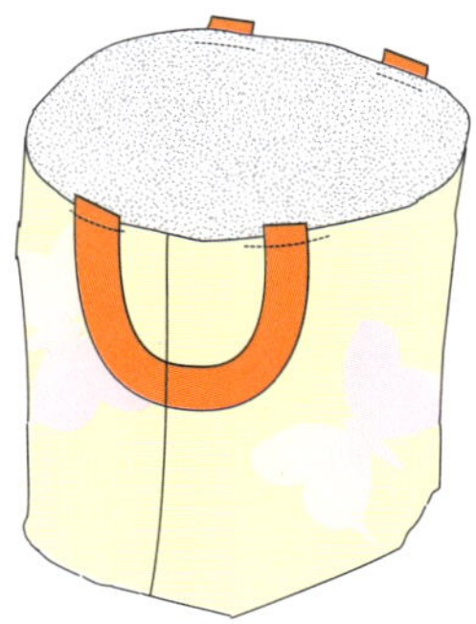

ABBILDUNG 7

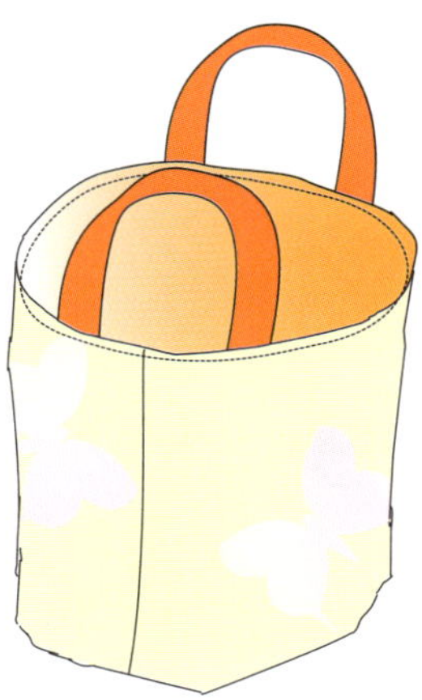

ZAUBER-**NÄHBOX**

Sie nehmen den Deckel dieser unscheinbaren kleinen Box ab, und sie entpuppt sich als Nähkästchen. Die Seiten klappen sich auf und bieten Halterungen für Garnrollen oder Ähnliches und in dem Kästchen in der Mitte lassen sich eine Schere und andere Utensilien verstauen. Es hat noch nie so viel Spaß gemacht, einen abgerissenen Knopf anzunähen!

FERTIGE MASSE

Breite: 11 cm geschlossen, 30 cm offen
Tiefe: 11 cm geschlossen, 30 cm offen
Höhe: 11 cm

MATERIAL

» Nähausstattung (Seite 9)
» 40 cm mittelschwerer Baumwollstoff als Oberstoff
» 40 cm mittelschwerer Baumwollstoff als Futterstoff
» 60 cm schwere Bügeleinlage
» Reste Bastelfilz
» 1 m Gummiband, 5 mm breit
» sehr fester Karton, mindestens 23 × 28 cm
» Heißklebepistole

ABBILDUNG 1

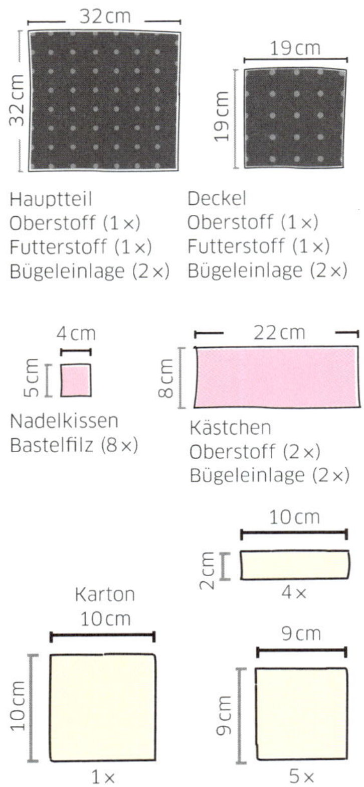

ABBILDUNG 2

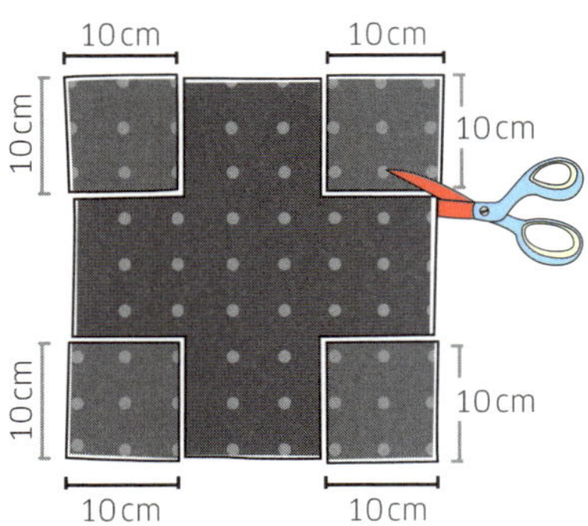

1. MESSEN UND ZUSCHNEIDEN

Hauptteil: Schneiden Sie je ein Quadrat mit 32 cm Kantenlänge aus dem Oberstoff und dem Futterstoff zu. Schneiden Sie auch zwei Quadrate in dieser Größe aus Bügeleinlage zu.

Deckel: Schneiden Sie je ein Quadrat mit 19 cm Kantenlänge aus dem Oberstoff und dem Futterstoff zu. Schneiden Sie wiederum zwei Quadrate in dieser Größe aus Bügeleinlage zu.

Kästchen: Schneiden Sie zwei 8 × 22 cm große Rechtecke aus dem Oberstoff zu. Schneiden Sie zwei Rechtecke in dieser Größe aus Bügeleinlage zu.

Filz-Nadelkissen: Schneiden Sie acht 4 × 5 cm große Rechtecke aus Bastelfilz zu.

Kartonverstärkung: Schneiden Sie mit einem Cutter, einem Schneidelineal und einer Schneidematte fünf Quadrate mit 9 cm Kantenlänge zu. Schneiden Sie ein Quadrat mit 10 cm Kantenlänge und vier Rechtecke mit den Maßen 10 × 2 cm zu. (Abbildung 1)

2. HAUPTTEIL UND DECKEL ZUSCHNEIDEN

Hauptteil: Bügeln Sie jeweils ein entsprechendes Stück Einlage (Seite 17) auf die linke Seite der Hauptteile (Oberstoff und Futterstoff). Schneiden Sie anschließend an allen vier Ecken jeweils ein Quadrat mit 10 cm Kantenlänge heraus. (Abbildung 2)

Deckel: Bügeln Sie jeweils ein entsprechendes Stück Einlage auf die linke Seite der Deckelteile. Schneiden Sie an den Ecken jeweils ein Quadrat mit 3 cm Kantenlänge heraus. (Abbildung 3)

HAUPTTEIL

3. HAUPTTEIL VERSTÜRZEN

ABBILDUNG 3

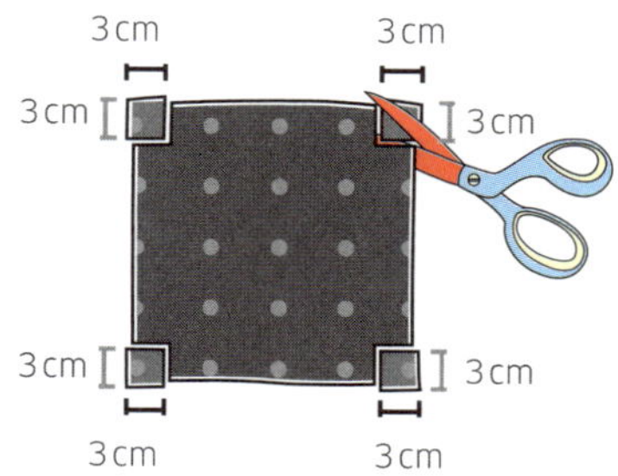

Bügeln Sie bei Ober- und Futterstoff eine Außenkante 1 cm um. Falten Sie die Kante wieder auf (die Bruchlinien werden bei Schritt 4 benötigt).

Legen Sie die beiden Hauptteile rechts auf rechts, an den offenen Kanten bündig und die beiden vorgebügelten Kanten aufeinander. Verstürzen Sie alle Kanten, bis auf die vorgebügelte, mit einer 1 cm breiten Naht. (Abbildung 4)

ABBILDUNG 4

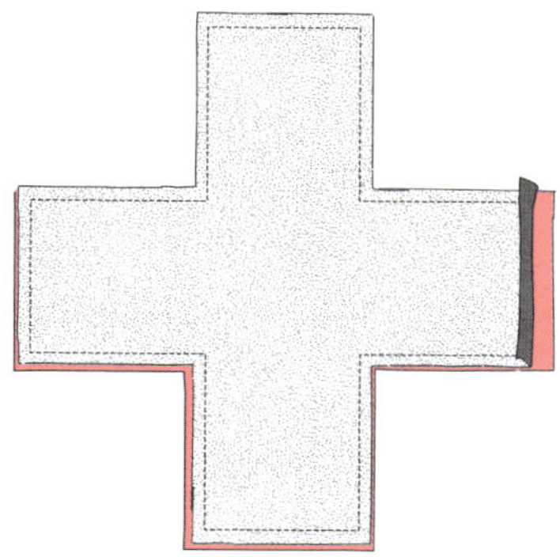

Schneiden Sie die Nahtzugabe an den Außenecken zurück (Seite 17) und an den Innenecken bis fast zur Naht ein. Wenden Sie das Teil und schieben Sie die Ecken mit einem spitzen Gegenstand heraus. Bügeln.

4. KARTONVERSTÄRKUNG UND GUMMIBÄNDER

Schneiden Sie acht Stücke Gummiband mit 12 cm Länge ab und legen Sie diese beiseite.

Schieben Sie ein Kartonquadrat mit 9 cm Kantenlänge durch die offene Kante in eine der Seitenwände. Stecken Sie zwei Gummibänder auf der Futterseite quer über die Seitenwand, mit etwa 2,5 cm Abstand von der Kante und voneinander, die Enden bündig mit den Seitenkanten. Steppen Sie zwischen Kante und Karton alle vier Seiten schmalkantig ab (Seite 15). Steppen Sie dabei die Gummibänder fest. (Abbildung 5)

ABBILDUNG 5

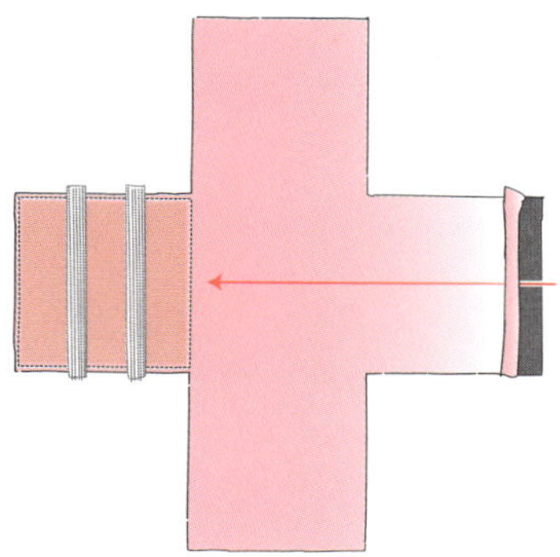

Stellen Sie die beiden anderen verstürzten Seitenwände ebenso fertig, die offene nicht.

Schieben Sie ein Kartonquadrat mit 9 cm Kantenlänge in die Mitte (dieses muss nicht mit Steppnähten fixiert werden), schieben Sie das letzte Kartonquadrat in die offene Seitenwand. Bügeln Sie die Nahtzugaben dieser letzten Seitenwand erneut nach innen um. Stecken Sie die Gummibänder fest und steppen Sie die Seitenwand wie die vorherigen ab; schließen Sie dabei die letzte offene Kante.

ABBILDUNG 6

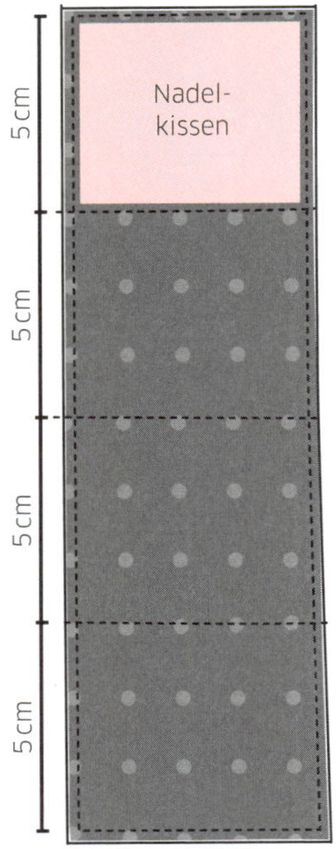

KÄSTCHEN

5. KÄSTCHEN FERTIGEN

Bügeln Sie Einlage auf die linke Stoffseite der beiden Kästchenteile.

Bügeln Sie bei beiden Teilen jeweils eine kurze Kante 1 cm um. Falten Sie die Kanten wieder auf (die vorgebügelten Brüche werden später benötigt). Legen Sie die beiden Teile rechts auf rechts, an den offenen Kanten bündig und die beiden vorgebügelten Kanten aufeinander. Verstürzen Sie alle Kanten, bis auf die vorgebügelte, mit einer 1 cm breiten Naht.

Schneiden Sie die Nahtzugabe an den Ecken zurück und wenden Sie die Kästchenwand. Schieben Sie die Ecken mit einem spitzen Gegenstand vorsichtig heraus und bügeln Sie die vorgebügelten Kanten nach innen um.

Steppen Sie die Kästchenwand rundherum ab. Markieren und steppen Sie mit einem Abstand von 5 cm drei Stege von oben nach unten. (Abbildung 6)

Bügeln Sie die gesteppten Stege als Bruchkanten ein. Falten Sie die Kästchenwand wieder auf (die Bruchkanten werden bei Schritt 6 benötigt).

6. FILZ BEFESTIGEN

Stecken Sie jeweils zwei Filzstücke übereinander mittig auf die bei Schritt 5 abgeteilten Abschnitte. Nähen Sie die Filzstücke mit einem Vorstich (Seite 13) an allen vier Seiten schmalkantig auf die Kästchenwand. (Die Filzstücke verschieben und verziehen sich leicht unter dem Nähfuß, daher ist es nicht zu empfehlen, die Nadelkissen mit der Nähmaschine aufzusteppen.)

Knicken Sie die Kästchenwand an den bei Schritt 5 vorgebügelten Stegen. Nähen Sie die beiden Kanten mit Überwendlichstich (Seite 13) zusammen. Kleben Sie die Wand mit einer Seite in die Mitte des bei Schritt 2 gefertigten Hauptteils. (Orientieren Sie sich am Foto.)

DECKEL

7. DECKEL VERSTÜRZEN

Der Deckel wird wie das Hauptteil verstürzt, siehe Schritt 3 (Abbildung 4 und Abbildung 5).

Bügeln Sie bei Oberstoff und Futterstoff eine Außenkante 1 cm um. Falten Sie die Kante wieder auf (der vorgebügelte Bruch wird später benötigt).

Legen Sie die beiden Deckelteile rechts auf rechts, an den offenen Kanten bündig und die beiden vorgebügelten Kanten aufeinander. Verstürzen Sie alle Kanten, bis auf die vorgebügelte, mit einer 1 cm breiten Naht.

Schneiden Sie die Nahtzugabe an den Außenecken zurück und an den Innenecken bis fast zur Naht ein. Wenden Sie den Deckel, schieben Sie die Ecken mit einem spitzen Gegenstand heraus und bügeln Sie den Deckel.

8. KARTONVERSTÄRKUNG

Schieben Sie eines der vier 10 × 2 cm großen Kartonstücke durch die offene Kante in eine der anderen Seitenwände. Schließen Sie das Kartonstück durch das Absteppen aller vier Kanten ein. (Abbildung 7)

Stellen Sie die beiden anderen Seitenwände ebenso fertig und schieben Sie dann das eine Kartonquadrat mit 10 cm Kantenlänge in die Mitte (dieses Kartonstück muss nicht mit Steppnähten fixiert werden). Schieben Sie abschließend das letzte Kartonrechteck in die offene Seitenwand. Bügeln Sie die vorgebügelten Nahtzugaben der letzten Seitenwand erneut um. Steppen Sie die Seitenwand wie die vorherigen ab; schließen Sie dabei die offene Kante.

Klappen Sie die 3 cm hohen Seitenwände nach unten und nähen Sie die Seitenkanten an den Ecken mit Überwendlichstich zusammen.

9. FERTIGSTELLEN

Klappen Sie die vier Seitenwände des Hauptteils nach oben und setzen Sie den Deckel auf. Sobald Sie den Deckel abnehmen, klappen sich die vier Seitenwände auf. Unter die Gummibänder können Sie Garnrollen oder Ähnliches klemmen und in das Kästchen passen eine kleine Schere, Knöpfe und andere Nähutensilien.

ABBILDUNG 7

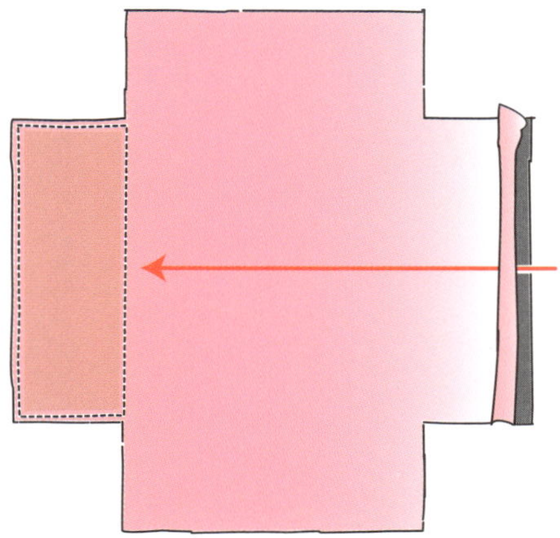

SCHMUCKBÖRSE FÜR UNTERWEGS

Mit dieser kleinen Schmuckbörse reisen Sie stilvoll und sortiert – alle Accessoires sind zusammen verstaut. Ohrringe mit Damenverschluss und Creolen ziehen Sie auf die Bänder und alles andere wandert in die Zippfächer. Praktisch!

FERTIGE MASSE

Breite: 10 cm geschlossen, 30 cm offen
Länge: 26 cm

MATERIAL

» Nähausstattung (Seite 9)
» 30 cm schwerer Stoff, beispielsweise Canvas oder Baumwollköper (als Oberstoff)
» 30 cm passender mittelschwerer Stoff, beispielsweise Patchworkstoff (für Zippfächer und Futter)
» 25 cm passender mittelschwerer Stoff, beispielsweise Patchworkstoff (für die Bänder)
» 3 Reißverschlüsse, 20 cm lang
» 5 Druckknöpfe, 5 mm

ABBILDUNG 1

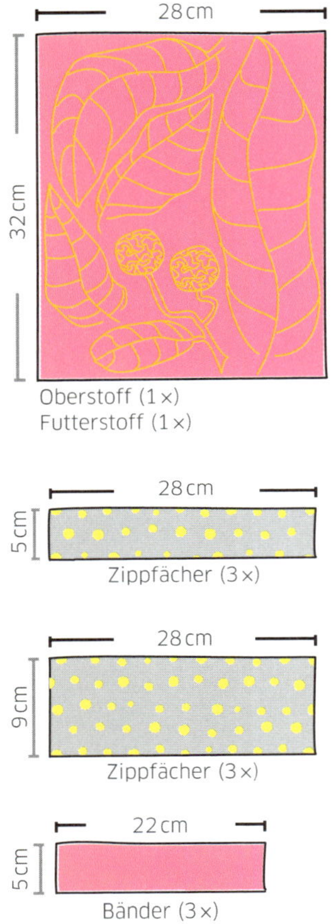

ABBILDUNG 2

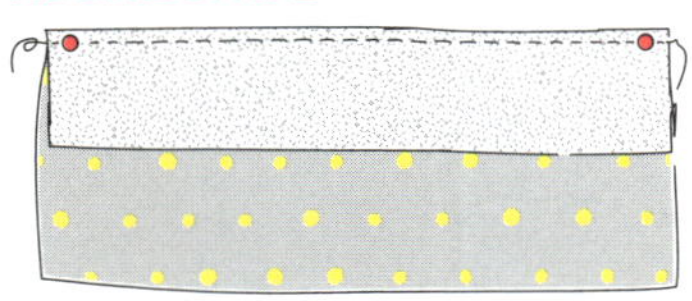

ABBILDUNG 3

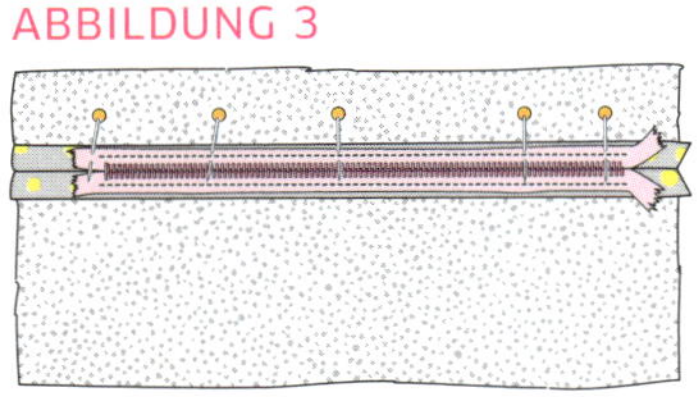

1. MESSEN UND ZUSCHNEIDEN

Oberstoff und Futter: Schneiden Sie ein 28 × 32 cm großes Rechteck aus dem Oberstoff zu (für die Außenseite) und ein weiteres Rechteck in der gleichen Größe aus dem Futterstoff.

Zippfächer: Schneiden Sie drei 28 × 9 cm und drei 28 × 5 cm große Rechtecke aus dem Futterstoff zu.

Bänder: Schneiden Sie drei 22 × 5 cm große Streifen aus dem Bänderstoff zu. (Abbildung 1)

2. REISSVERSCHLUSS EINNÄHEN

Legen Sie ein 28 × 9 cm großes Teil an der 28 cm langen Kante bündig rechts auf rechts auf ein 28 × 5 cm großes Teil. Schließen Sie die Naht mit 1 cm Nachtzugabe folgendermaßen: Schließen Sie 4 cm Naht, verriegeln Sie die Naht (Seite 15), stellen Sie die Stichlänge auf eine Heftnaht ein und heften Sie 20 cm Naht. Verriegeln Sie die Naht, stellen Sie wieder eine normale Stichlänge ein und schließen Sie die restlichen 4 cm. Bügeln Sie die Nahtzugaben auseinander. Schließen Sie die beiden anderen Reißverschlussnähte ebenso. (Abbildung 2)

Legen Sie einen Reißverschluss am gehefteten Nahtabschnitt mit der rechten Seite und den Krampen mittig auf die linke Seite der Naht. Stecken Sie den Reißverschluss fest. (Abbildung 3) Setzen Sie einen Reißverschlussfuß ein. Steppen Sie den Reißverschluss auf allen Seiten etwa 5 mm neben den Krampen auf; verriegeln Sie Nahtanfang und -ende. (Abbildung 3) Trennen Sie die Heftnaht vorsichtig von der rechten Seite mit einem Nahttrenner auf.

Arbeiten Sie die anderen beiden Reißverschlüsse ebenso in die anderen Zippfächer ein.

3. ZIPPFÄCHER ZUSAMMENSETZEN

Setzen Sie die drei Zippfächer aneinander. Legen Sie die Teile jeweils an den 28 cm langen Kanten rechts auf rechts mit den offenen Kanten bündig und schließen Sie die Naht mit 1 cm Nahtzugabe. Bügeln Sie die Nahtzugaben auseinander. (Abbildung 4)

4. BÄNDER FERTIGEN UND BEFESTIGEN

Fertigen Sie nach der Anleitung auf Seite 18 drei Bänder aus den bei Schritt 1 zugeschnittenen Teilen.

Legen Sie die Fächer vor sich, mit der rechten Seite außen und dem schmalen Streifen oben. Positionieren Sie die Bänder jeweils 2,5 cm unterhalb der Reißverschlüsse, den oberen und unteren Streifen mit der offenen Kante an der linken Kante und den mittleren Streifen mit der offenen Kante an der rechten Kante. Steppen Sie die Bänder an der jeweils offenen Kante 5 mm breit fest. Nähen Sie jeweils ein Kugelteil des Druckknopfs mit der Hand auf die Unterseite der Bandenden und ein Federteil an die entsprechende Stelle auf dem Zipperfach. (Abbildung 5)

ABBILDUNG 4

ABBILDUNG 5

5. DRUCKKNÖPFE ALS BÖRSENVERSCHLUSS ANNÄHEN

An der Oberkante der Innenseite: Legen Sie die Zippfächer wie bei Schritt 4 vor sich hin. Markieren Sie die Position der beiden Kugelteile 3 cm unterhalb der Oberkante und jeweils 8 cm neben der Seitenkante. Nähen Sie an diesen Markierungen die Kugelteile an. (Abbildung 6)

An der Unterkante der Außenseite: Markieren Sie die Position der beiden Federteile oberhalb der Unterkante auf dem 28 × 32 cm großen Oberstoffteil der Börse folgendermaßen: 8 cm oberhalb der Unterkante und jeweils 8 cm neben der Seitenkante. Nähen Sie an den beiden markierten Stellen jeweils ein Federteil an. (Die Federteile an der Unterkante der Außenseite annähen! Die Kugelteile wurden an der Oberkante der Innenseite angenäht.) (Abbildung 7)

6. ZIPPERFÄCHER AUF FUTTERTEIL NÄHEN

Legen Sie das bei Schritt 1 zugeschnittene Futterteil mit der rechten Seite nach oben vor sich. Stecken Sie die Zippfächer, ebenfalls mit der rechten Seite nach oben, mit den offenen Kanten bündig auf das Futterteil. Steppen Sie die beiden Teile rundherum 5 mm breit zusammen. Steppen Sie Stege im Nahtschatten (Seite 17) der Teilungsnähte zwischen den Zipperfächern und bilden Sie so drei Abschnitte. (Wenn beide Teile mit der rechten Seite nach oben aufgelegt werden, ist beim Aufschlagen der Börse die rechte Futterseite zu sehen.)

ABBILDUNG 6

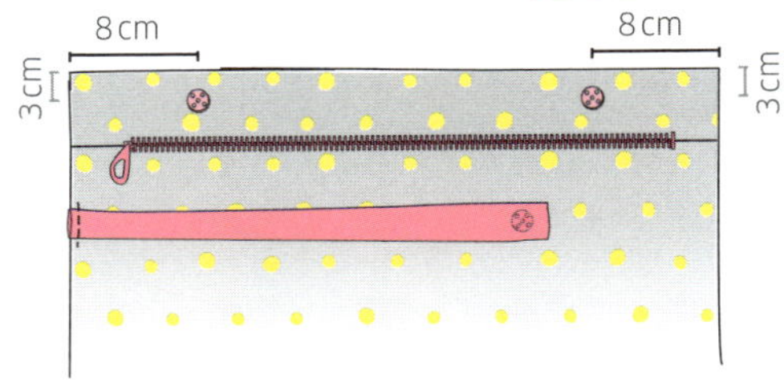

ABBILDUNG 7

7. OBERSTOFF UND FUTTER VERSTÜRZEN

Stecken Sie Futterteil und Oberstoffteil rechts auf rechts an den Kanten bündig aneinander. (Achten Sie darauf, dass die Kugelteile der Druckknöpfe an der Oberkante der Futterseite liegen und die Federteile an der Unterkante der Oberstoffseite.) Verstürzen Sie die Teile rundherum mit einer 1 cm breiten Naht und lassen Sie an der Unterkante 12 cm Naht offen.

Schneiden Sie die Nahtzugabe an den Ecken zurück (Seite 17) und wenden Sie die Börse. Schieben Sie die Ecken vorsichtig mit einem Gegenstand heraus. Die Nähte bügeln und die Öffnung mit Überwendlichstich schließen.

Klappen Sie die Börse zusammen und schließen Sie die Druckknöpfe.

NECESSAIRE FÜR HERREN

NECESSAIRE FÜR HERREN

Etwas für Männer zu nähen, das wirklich gefällt, ist nicht so einfach. Für sie kommen auffällige Stoffe und Schnitte nicht in Frage – am besten klassisch. Wie bei diesem Accessoire für den Mann, einer Rasiertasche, aus einem bewährten Klassiker unter den Stoffen: Jeans.

FERTIGE MASSE

Länge: 26 cm
Höhe: 10 cm
Tiefe: 10 cm

MATERIAL

» Nähausstattung (Seite 9)
» 25 cm Denim (Jeansstoff)
» Metallreißverschluss, 24 cm lang
» Extrastarkes Nähgarn (Jeansgarn)
» Nähmaschinennadel für schwere Stoffe (Jeansnadel)

HINWEIS

Setzen Sie zunächst eine Nähmaschinennadel für schwere Stoffe ein, spulen Sie entsprechend starkes Nähgarn auf und fädeln Sie Ober- und Unterfaden ein.

1. MESSEN UND ZUSCHNEIDEN

Schneiden Sie alle Teile aus Denim zu. (Abbildung 1)

Band: Schneiden Sie einen 15 × 10 cm großen Streifen für das Griffband zu.

Oberseite: Schneiden Sie zwei Rechtecke mit den Maßen 7 × 26 cm und zwei Rechtecke mit 3 × 12 cm zu.

Seitenteile und Boden: Schneiden Sie drei Rechtecke mit den Maßen 28 × 12 cm zu.

Vorderseite und Rückseite: Schneiden Sie dafür zwei Quadrate mit der Kantenlänge 12 cm zu.

2. BAND FERTIGEN

Fertigen Sie das Band nach der Anleitung auf Seite 18 und steppen Sie beide Längskanten schmalkantig ab (Seite 15). Legen Sie das Band beiseite.

3. REISSVERSCHLUSS IN DIE OBERSEITE EINNÄHEN

Stecken Sie den Reißverschluss rechts auf rechts an eine lange Kante der 7 × 26 cm großen oberen Rechtecke. Steppen Sie das Reißverschlussband entlang der Krampen fest. (Abbildung 2) Bügeln Sie die Nahtzugabe zum Stoff. Nähen Sie das andere Reißverschlussband entsprechend an das andere 7 × 26 cm große Rechteck. (Abbildung 3) Steppen Sie die Nähte schmalkantig ab. (Abbildung 4)

Das Reißverschlussteil sollte 12 × 24 cm groß sein, schneiden Sie es gegebenenfalls auf dieses Maß zurück.

ABBILDUNG 1

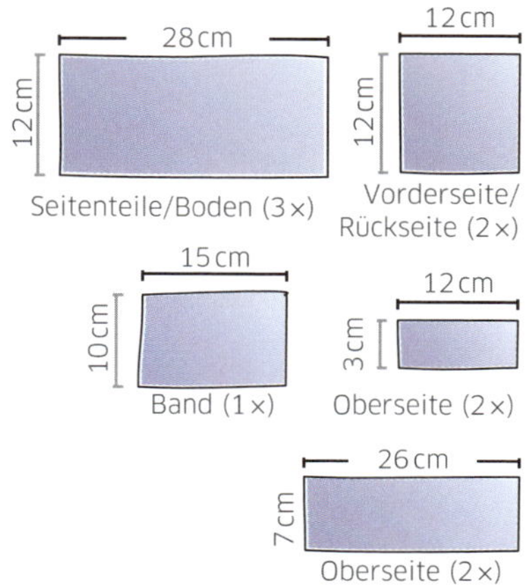

ABBILDUNG 2

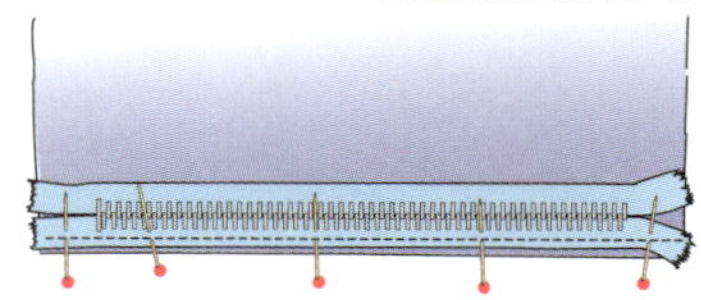

ABBILDUNG 3

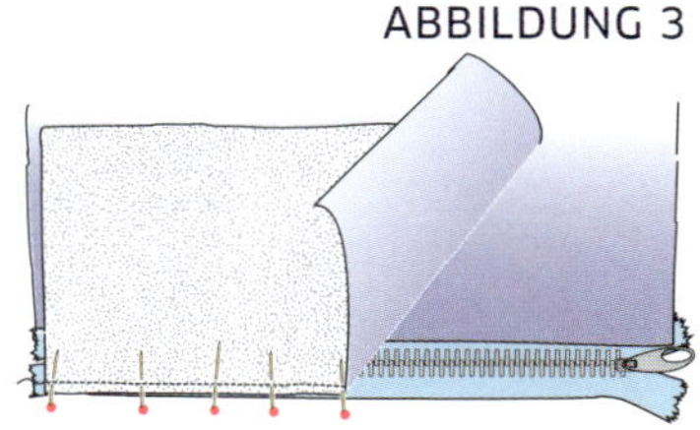

ABBILDUNG 4

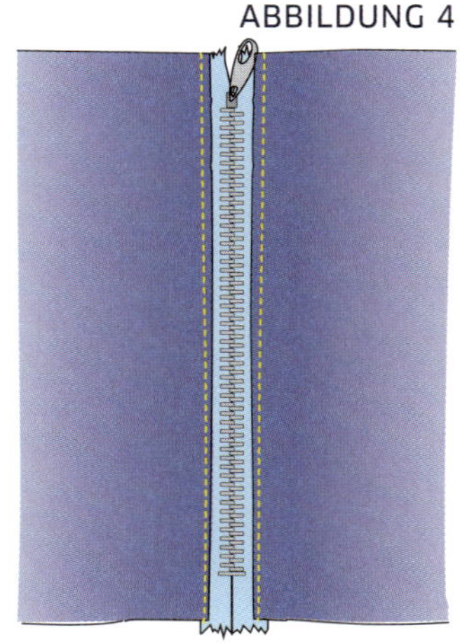

> **TIPP**
>
> Die Teile für dieses Projekt können Sie auch aus einer ausrangierten Jeans zuschneiden!

ABBILDUNG 5

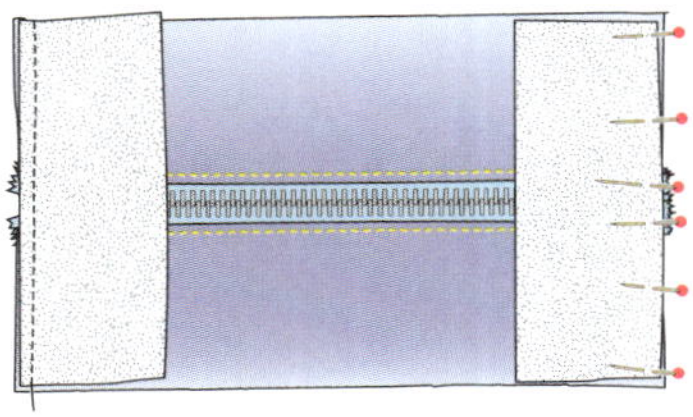

ABBILDUNG 6

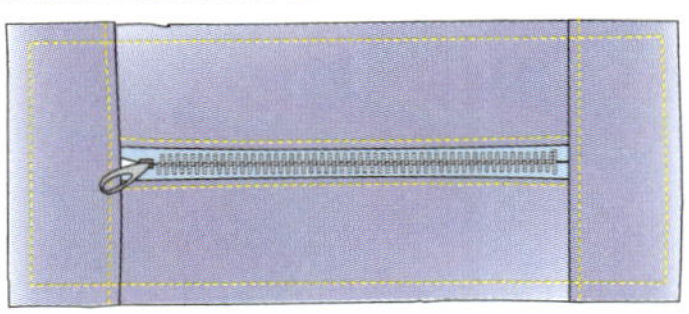

ABBILDUNG 7

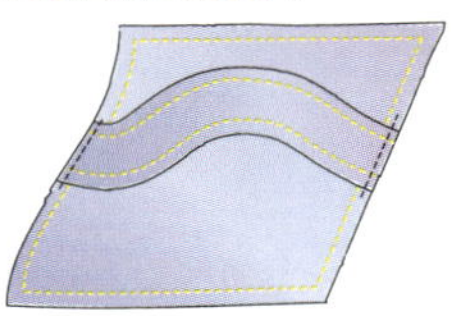

ABBILDUNG 8

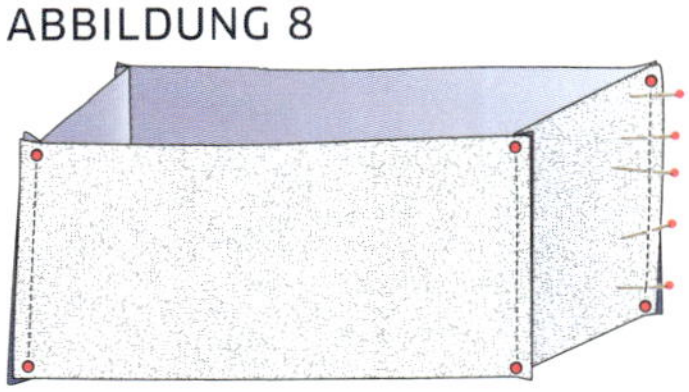

4. OBERSEITE FERTIGSTELLEN

Stecken Sie jeweils ein 3 × 12 cm langes Rechteck rechts auf rechts an die kurzen Kanten des Reißverschlussteils. Schließen Sie die Nähte 1 cm breit mit einem normalen Nähfuß. (Abbildung 5) Bügeln Sie die Nahtzugaben nach außen und steppen Sie die Nähte schmalkantig ab.

5. ZIERNAHT STEPPEN

Steppen Sie die vier Kanten der Oberseite mit 12 mm Nahtzugabe ab. (Abbildung 6)

Steppen Sie die anderen Teile (Seitenteile, Boden, Vorderseite und Rückseite) ebenfalls an allen 4 Kanten 12 mm breit ab.

6. BAND ANNÄHEN

Stecken Sie das Band mittig, mit den offenen Kanten bündig, an die rechte Seite der Vorderseite. Nähen Sie das Band mit 5 mm Nahtzugabe an. (Abbildung 7)

7. SEITEN ZUSAMMENNÄHEN

Stecken Sie eine 12 cm lange Kante des Seitenteils rechts auf rechts an eine Seitenkante der Vorderseite. Schließen Sie die Naht mit 1 cm Nahtzugabe, lassen Sie dabei am Anfang und Ende jeweils eine Nahtbreit offen. (Auf diese Weise entstehen rechtwinklige, dreidimensionale Ecken.) Nähen Sie die anderen 12 cm langen Kanten der Seitenteile entsprechend an Vorder- und Rückseite. Bügeln Sie die Nähte auseinander. (Abbildung 8)

8. BODEN ANNÄHEN

Stecken und steppen Sie die 28 cm langen Kanten des Bodens rechts auf rechts an die 28 cm langen Kanten der Seitenteile. Lassen Sie am Anfang und Ende jeder Naht 1 cm offen. Stecken und steppen Sie die 12 cm langen Kanten ebenso aneinander. Bügeln Sie die Nahtzugaben auseinander. (Abbildung 9)

Schneiden Sie die Nahtzugaben an den Ecken zurück (Seite 17). Die Tasche wenden und die Nähte bügeln.

9. OBERSEITE ANNÄHEN

Wenden Sie die Tasche wieder auf links. Öffnen Sie den Reißverschluss. Stecken und steppen Sie die Oberseite mit offenem Reißverschluss wie zuvor den Boden an die Tasche und lassen Sie die Naht am Anfang und Ende eine Nahtbreit offen. Schneiden Sie die Nahtzugaben an den Ecken zurück. Wenden Sie die Rasiertasche durch die Reißverschlussöffnung und bügeln Sie die Nähte.

EXTRA STARK

Mit extrastarkem Garn erhält diese Tasche den typischen Jeans-Look. Wenn Sie noch nie mit starkem Nähgarn gearbeitet haben, es ist den Versuch Wert – und erzielt den gewünschten Effekt. Jeansgarn einfach wie normales Nähgarn aufspulen, einfädeln und losnähen!

ABBILDUNG 9

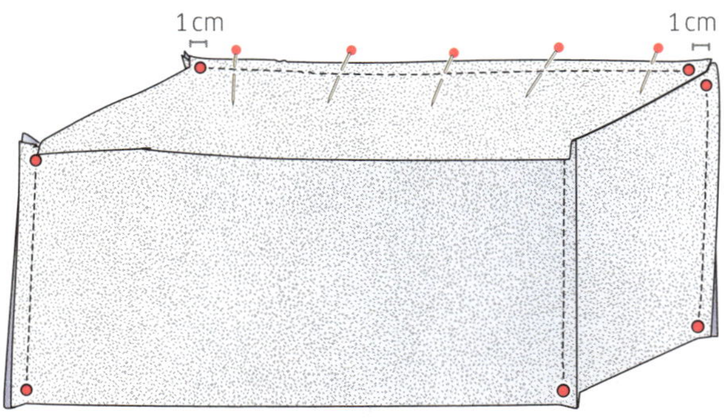

MAPPE IN NADELSTREIFEN

Visitenkarten, Kugelschreiber, Notizblock und mehr findet Platz in dieser Konferenzmappe. Für den Büro-Look habe ich einen Anzugstoff mit Nadelstreifen verwendet. Aus bunt gemustertem Stoff sieht diese Mappe ebenfalls schick aus.

FERTIGE MASSE

Breite: 15 cm geschlossen, 40 cm offen
Länge: 23 cm

MATERIAL

- Nähausstattung (Seite 9)
- 30 cm mittelschwerer Oberstoff für die Außen- und Innenseite der Mappe
- 35 cm kontrastfarbiger mittelschwerer Stoff für die Fächer
- 30 cm schwere Bügeleinlage
- 2 Knöpfe mit 2,5 cm Durchmesser
- 18 cm Gummikordel, 3 mm stark
- Aktenhülle (Bürobedarf, siehe Hinweis)

HINWEIS

Zum Versteifen der drei Mappenabschnitte werden Kunststoffstücke zwischen die Stofflagen geschoben. Ich habe dazu eine Aktenhülle verwendet, denn sie hat genau die richtige Stärke und lässt sich mit der Schere zuschneiden.

1. MESSEN UND ZUSCHNEIDEN

Oberstoff und Bügeleinlage: Schneiden Sie je zwei Rechtecke mit den Maßen 25 x 44 cm aus dem Oberstoff und aus der Bügeleinlage zu.

Fächerstoff: Schneiden Sie aus dem Stoff für die Innenfächer ein Rechteck mit den Maßen 33 x 44 cm und eines mit 18 x 44,5 cm zu.

Kunststoff als Versteifung: Schneiden Sie zwei Rechtecke mit 22 x 14 cm und ein Rechteck mit den Maßen 22 x 9 cm aus Kunststoff zu. (Abbildung 1 auf Seite 62)

2. EINLAGE AUFBÜGELN

Bügeln Sie Einlage (Seite 17) auf die beiden 25 x 44 cm großen Rechtecke für die Außen- und Innenseite der Mappe.

3. FÄCHER FERTIGEN

Bügeln Sie die beiden Fächerstreifen links auf links längs auf die Hälfte. Steppen Sie die Bruchkanten schmalkantig ab (Seite 17).

ABBILDUNG 1

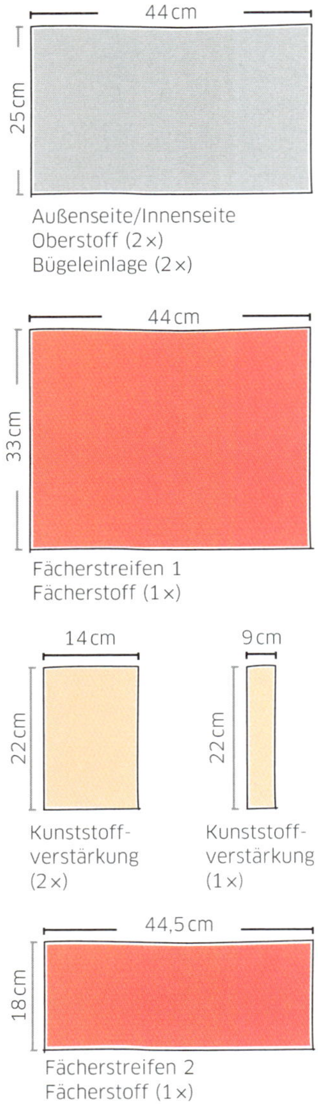

ABBILDUNG 2

Stifthalter abnähen: Richten Sie den schmaleren Streifen (18 cm) mit der Bruchkante nach oben aus. Markieren Sie folgende Punkte an der Unterkante: Punkt A 7 cm von der linken Kante und Punkt B dann 2,5 cm rechts von Punkt A. (Abbildung 2)

Legen Sie den schmaleren Streifen mit den Unterkanten bündig auf den breiteren Streifen (33 cm) und stecken Sie die Fächerstreifen aufeinander. Legen Sie zwischen A und B beim schmaleren Streifen eine kleine Falte, sodass die Seitenkanten der beiden Streifen exakt bündig liegen.

Steppen Sie einen Steg bei Punkt A von unten bis zur Oberkante des schmaleren Streifens. Steppen Sie dann einen weiteren Steg bei Punkt B. (Abbildung 2)

Fächer in die Mappe einnähen: Stecken Sie die Fächer links auf rechts, mit den Seiten- und Unterkanten bündig, auf eins der 25 × 44 cm großen Rechtecke. Das ist die Innenseite. Steppen Sie die Lagen an den Seitenkanten und der Unterkante 5 mm breit zusammen. Die Oberkante bleibt offen.

4. GUMMIKORDEL UND KNÖPFE ANNÄHEN

Gummikordel und rechter Knopf: Markieren Sie auf dem anderen 25 × 44 cm großen Rechteck (Außenseite) einen Punkt in der Mitte zwischen Ober- und Unterkante und 6 cm neben einer kürzeren Kante. Falten Sie die Gummikordel auf die Hälfte und legen Sie die Enden an der Markierung an. Nähen Sie die Enden mehrmals vor und zurück fest. Nähen Sie an derselben Markierung einen Knopf an. (Abbildung 3)

Linker Knopf: Markieren Sie 11 cm neben der anderen Kante mittig zwischen Ober- und Unterkante die zweite Knopfposition.

Nähen Sie diesen Knopf mit Steg an: Legen Sie ein Streichholz (oder einen anderen Gegenstand mit dem gleichen Durchmesser wie die Gummikordel) beim

Annähen unter den Knopf. Nehmen Sie das Streichholz weg, ziehen Sie den Fadensteg am Knopf straff und wickeln Sie das Nähgarn dreimal um den Steg, ziehen Sie den Faden dann zum Vernähen auf die linke Stoffseite. (Abbildung 3)

5. AUSSEN- UND INNENSEITE VERBINDEN

Bügeln Sie die Oberkanten der Außenseite und der Innenseite 1 cm um. Falten Sie die Kanten wieder auf, die Brüche dienen später als Markierung.

Innenseite mit Außenseite verstürzen: Stecken Sie Außen- und Innenseite/Fächer rechts auf rechts an den offenen Kanten bündig aufeinander. Verstürzen Sie die Seiten- und Unterkanten 1 cm breit mit einer Nähmaschinennadel für schwere Stoffe (Sie müssen durch mehrere Lagen steppen). Lassen Sie die Oberkante offen. Fassen Sie die Gummikordel dabei nicht mit!

Schneiden Sie die Nahtzugabe an den Ecken zurück (Seite 19), wenden Sie die Mappe und schieben Sie die Ecken vorsichtig mit einem spitzen Gegenstand heraus. Bügeln Sie die Mappe. Bügeln Sie die vorgebügelten Oberkanten erneut um.

Stege steppen: Markieren Sie auf der Innenseite eine Stegposition 15 cm neben der linken Seitenkante und eine weitere 1 cm rechts davon. Markieren Sie 15 cm weiter rechts wieder eine Stegposition und eine weitere 1 cm rechts davon. Steppen Sie die vier markierten Stegnähte von oben nach unten durch alle Lagen. (Abbildung 4).

Fertigstellen: Schieben Sie je ein 14 cm breites Stück Kunststoff in die 15 cm breiten (durch Stepplinien getrennten) Abschnitte und ein 9 cm breites Stück Kunststoff in den 10 cm breiten Abschnitt.

Steppen Sie die Mappe rundherum schmalkantig ab und schließen Sie dabei die offene Oberkante.

Schieben Sie beispielsweise einen kleinen Block in das obere Fach des mittleren Abschnitts und einen Kugelschreiber in das Stiftefach. Klappen Sie die Mappe zu und ziehen Sie die Gummischlaufe um den linken Knopf.

ABBILDUNG 3

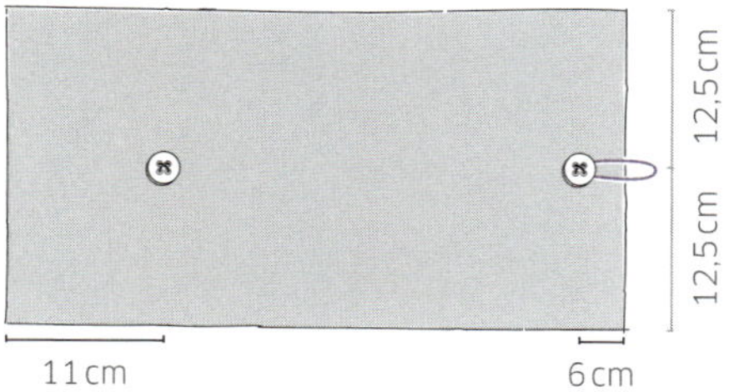

ABBILDUNG 4

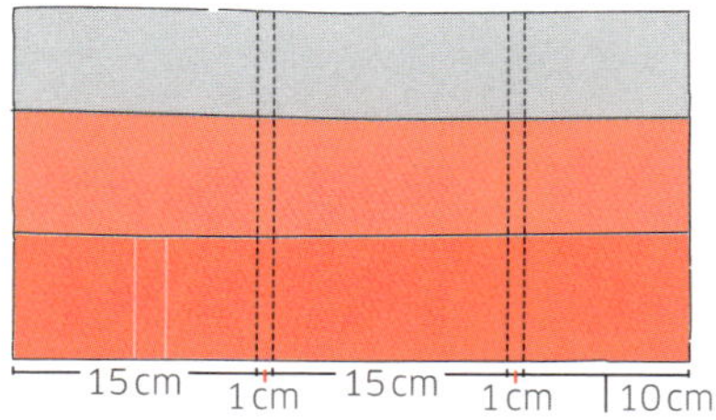

IMPRESSUM

Bibliografische Information der Deutschen Bibliothek.

Die Deutsche Bibliothek verzeichnet diese Publikation in der deutschen Nationalbibliografie.

Detaillierte bibliografische Daten sind im Internet über http://www.d-nb.de/ abrufbar.

EIN BUCH DER EDITION MICHAEL FISCHER
1. Auflage 2016

Erstveröffentlicht bei Potter Craft, einem Imprint von The Crown Publishing Group, 2011

Titel der Originalausgabe: Sewing in a straight line: quick and crafty projects you can make by simply sewing straight / Brett Bara

Aus dem Englischen übertragen von Eva Korte, Börger
Gesamtherstellung: Silvia Keller, Viktoria Zettl
Produktmanagement: Saskia Wedhorn

ISBN 978-3-86355-556-6

Printed in Slovakia

www.emf-verlag.de